Arcángeles

Desvelando los secretos de trabajar con un arcángel, guías espirituales y ángeles de la guarda

© Copyright 2023

Todos los derechos reservados. Ninguna parte de este libro puede ser reproducida de ninguna forma sin el permiso escrito del autor. Los revisores pueden citar breves pasajes en las reseñas.

Descargo de responsabilidad: Ninguna parte de esta publicación puede ser reproducida o transmitida de ninguna forma o por ningún medio, mecánico o electrónico, incluyendo fotocopias o grabaciones, o por ningún sistema de almacenamiento y recuperación de información, o transmitida por correo electrónico sin permiso escrito del editor.

Si bien se ha hecho todo lo posible por verificar la información proporcionada en esta publicación, ni el autor ni el editor asumen responsabilidad alguna por los errores, omisiones o interpretaciones contrarias al tema aquí tratado.

Este libro es solo para fines de entretenimiento. Las opiniones expresadas son únicamente las del autor y no deben tomarse como instrucciones u órdenes de expertos. El lector es responsable de sus propias acciones.

La adhesión a todas las leyes y regulaciones aplicables, incluyendo las leyes internacionales, federales, estatales y locales que rigen la concesión de licencias profesionales, las prácticas comerciales, la publicidad y todos los demás aspectos de la realización de negocios en los EE. UU., Canadá, Reino Unido o cualquier otra jurisdicción es responsabilidad exclusiva del comprador o del lector.

Ni el autor ni el editor asumen responsabilidad alguna en nombre del comprador o lector de estos materiales. Cualquier desaire percibido de cualquier individuo u organización es puramente involuntario.

Tabla de contenidos

INTRODUCCIÓN 1
CAPÍTULO UNO: ÁNGELES Y ARCÁNGELES 101 3
CAPÍTULO DOS: CONCEPTOS BÁSICOS SOBRE LOS GUÍAS ESPIRITUALES 14
CAPÍTULO TRES: SEÑALES ANGÉLICAS 25
CAPÍTULO CUATRO: LOS ÁNGELES DEL ZODÍACO 34
CAPÍTULO CINCO: LA COMUNICACIÓN CON SU ÁNGEL DE LA GUARDA 43
CAPÍTULO SEIS: CONECTANDO CON LOS SERES ANGÉLICOS 52
CAPÍTULO SIETE: LOS ARCÁNGELES DE LAS CUATRO ESQUINAS 63
CAPÍTULO OCHO: MÁS ARCÁNGELES Y CÓMO TRABAJAR CON ELLOS 72
CAPÍTULO NUEVE: ORACIÓN Y MEDITACIÓN 80
CAPÍTULO DIEZ: TRABAJAR CON LOS GUÍAS ESPIRITUALES MÁS ALLÁ DE LOS ARCÁNGELES 87
CONCLUSIÓN 95
VEA MÁS LIBROS ESCRITOS POR SILVIA HILL 97
REFERENCIAS 98

Introducción

Conseguir una comprensión básica de lo que son los ángeles es la clave para una vida espiritual más profunda y significativa para cualquiera que esté remotamente interesado en su existencia. Si desea aprender más sobre los ángeles, entonces disfrutará con este libro. Es ideal para cualquiera que tenga una comprensión básica de la Biblia, pero también es un punto de entrada fácil de leer para quienes no sepan mucho (o nada) sobre los ángeles.

La Biblia contiene una cantidad sustancial de información sobre los ángeles, pero existen muchos otros libros sobre el tema escritos por autores que afirman tener conocimientos privilegiados sobre los ángeles. Afirman tener acceso al reino de los espíritus, lo que les permite revelar secretos que se supone que la gente no debe conocer. Sin embargo, estos conocimientos secretos no suelen ser más que conjeturas mezcladas con antiguas supersticiones. La información de este libro es diferente, ya que se basa en lo que los eruditos e historiadores coinciden en que pueden verificarse como hechos.

La verdad es que los ángeles existen, de forma clara e innegable, y la razón más fuerte para creer que existen en primer lugar es por las historias milagrosas que la gente ha escrito y contado sobre ellos, por no mencionar la cantidad sustancial de pruebas que los escépticos no pueden explicar fácilmente. Este libro pretende responder a muchas preguntas en las que quizá haya pensado, pero que nunca ha tenido la oportunidad de explorar a fondo.

No se trata solo de un libro, sino de una oportunidad para cambiar su vida adentrándose en una nueva forma de pensar sobre los ángeles. Armado con este libro, tendrá el conocimiento y la credibilidad para discutir abiertamente lo que ha aprendido sobre los arcángeles en su vida. Podrá explicar con precisión quiénes son y por qué son importantes en su vida. Y lo que es más importante, podrá estar seguro de que sus pensamientos y creencias se basan en hechos, no en mitos ni conjeturas, sino en hechos. Si está preparado para pasar de ser un curioso observador del tema de los ángeles a un creyente bien informado, este libro será un recurso inestimable en su viaje. Entremos de lleno en el tema.

Capítulo Uno: Ángeles y arcángeles 101

Los ángeles son seres que existen en muchas culturas, religiones y creencias. Algunos creen que son espíritus de personas fallecidas, mientras que otros creen que son simplemente símbolos de la gracia. Típicamente se les describe como hermosos seres de aspecto humano con piel radiante y alas que descienden a la Tierra para otorgar su gracia a los mortales. La palabra ángel procede del latín *angelus*, que significa "mensajero". Los mitos más antiguos sobre los ángeles se remontan a las culturas mesopotámicas y de Asia oriental. Estas culturas crearon seres míticos para interpretar el mundo y guiar a los humanos. Estos mitos implicaban a ángeles que llevaban las plegarias de la Tierra al cielo y a los dioses que confiaban en ellos para los mensajes enviados por los humanos a los cielos. La creencia en los ángeles se generalizó durante el exilio judío a Babilonia, cuando los sacerdotes y escribas empezaron a interpretar las historias mesopotámicas y a incorporarlas a su religión.

Aunque la idea de un dios en las alturas procedía de la cultura mesopotámica, los cristianos empezaron a creer que las huestes celestiales de Dios no servían simplemente como mensajeros entre los humanos y el cielo. Por el contrario, Dios las creó como una forma de que los humanos supieran que el cielo existía. Se creía que aparecían en sueños y visiones, considerados mensajes sagrados por las personas que los tenían. Sin embargo, también se creía que interactuaban con los humanos una vez que empezaban a caer en desgracia con su Padre

Celestial. Alejarse de Dios provocaba que un ángel se volviera demoníaco y manipulador.

El islam ofrece una interpretación de los ángeles muy similar a la angelología cristiana. Los ángeles son considerados seres divinos creados por Alá que llevan a cabo su voluntad en la Tierra. Los ángeles musulmanes también son llamados ángeles, aunque el islam no cree en el cielo. Se cree que encarnan el conocimiento y el poder de Dios y no tienen cuerpo físico. Sin embargo, su influencia no se limita al más allá. Muchos musulmanes creen que los ángeles se encuentran en todo el mundo, actuando como agentes divinos para aquellos que los merecen.

Aunque se cree que los ángeles llevan a cabo la voluntad de Dios y actúan en su nombre, el cristianismo considera que los ángeles tienen un papel más protector. No son meros mensajeros entre los humanos y el cielo, sino que también sirven para proteger a las personas de las fuerzas del mal. En el cristianismo, a menudo se les llama ángeles de la guarda y se cree que se asignan a todo el mundo al nacer. A diferencia del islam y el judaísmo, el cristianismo enseña que los ángeles tienen un cuerpo físico, aunque no comen, beben ni experimentan ningún placer físico. Además, la creencia cristiana es que los ángeles son los únicos seres que Dios creó antes de la creación de los humanos. Se les considera inmortales, divinos e intemporales.

El judaísmo no suscribe el concepto de ángeles de la guarda. Sin embargo, sí cree en ángeles que vigilan y protegen a las personas en todo momento. Las leyes judías que rigen todos los aspectos de la vida de una persona requieren ángeles como mensajeros e intermediarios entre el hombre y Dios. Se cree que los ángeles están sujetos a los mandamientos de Dios y no se apartan de ellos. No tienen libre albedrío ni deseo porque sirven como extensiones de la voluntad de Dios en relación con los humanos.

La religión hindú considera a los ángeles como seres que existen en el mundo natural y proporcionan orientación a los humanos. Los ángeles en el hinduismo se consideran espíritus altamente evolucionados que han existido desde la creación del universo, pero que nunca se encarnaron como seres físicos. Se cree que poseen múltiples aspectos que pueden alterarse en cualquier momento. Por ejemplo, si los humanos cometen un pecado como la avaricia, entonces las formas angélicas de la avaricia aparecerán en la Tierra mientras que los aspectos de la bondad no se verán afectados.

El zoroastrismo cree en un dios bueno y otro malo y en la existencia de los ángeles, aunque no se cree que sean seres divinos. De hecho, los zoroastrianos creen que existen tres grupos distintos de ángeles:

- Amesha Spentas, que gobiernan la bondad
- Yazatas, que gobiernan los elementos
- Daevas, que se describen como espíritus malignos

Aunque cada grupo representa una característica particular, los zoroastrianos creen que el mundo está formado por fuerzas malévolas y benévolas. Este mundo está representado por la lucha entre estas dos fuerzas, que siempre están en conflicto. El zoroastrismo no cree que los ángeles tengan alas individuales, ni que lleven a cabo la voluntad de Dios. Curiosamente, se cree que los yazatas habitan en los cuerpos de los humanos que una vez fueron seguidores de Zaratustra, el profeta del zoroastrismo. Este enseñaba que al convertirse en seguidor de Zoroastro, los seguidores se convertirían ellos mismos en divinos.

El budismo no apoya el concepto de ángeles, pero sí fomenta la creencia en los espíritus. Estos espíritus existen en dos zonas separadas, los cielos y la Tierra. A diferencia de los ángeles, que se consideran seres divinos sin forma física, los espíritus budistas están encarnados por humanos que han muerto. Se cree que un *bodhisattva* es un ser cuya alma se ha reencarnado en una forma celestial o terrenal para poder alcanzar la iluminación y ayudar a los humanos en la Tierra.

La religión japonesa del sintoísmo se basa en la creencia en los ángeles. De hecho, la creencia japonesa sostiene que la práctica de tener un santuario en casa se ha transmitido desde la antigüedad y fue realizada por primera vez por un ángel. El concepto de los ángeles en las distintas religiones ha evolucionado con el tiempo y ha tomado muchas formas de desarrollo, geografía y cultura. Sin embargo, hay algunos elementos comunes que se encuentran en cada religión. Los ángeles de la guarda protegen a sus pupilos humanos, humanos que un día se convertirán ellos mismos en ángeles, cuerpos físicos que les permiten interactuar con los humanos y la interacción entre las fuerzas del bien y del mal en la Tierra.

La jerarquía angélica

El concepto del cielo es un concepto poderoso que ha captado el interés y la imaginación de la gente durante miles de años. Después de todo,

¿quién no quiere creer que los seres que proceden de un lugar tan fenomenal pueden velar por nosotros en la Tierra? Sin embargo, se plantea la cuestión de si todos los ángeles son iguales en rango y poder. La respuesta parece ser que no. ¿Por qué? La respuesta está en los escritos de la Biblia, que hablan de una jerarquía de ángeles entre el cielo y la Tierra.

En 1513 d. C., un monje alemán llamado Fra Luca Gauricus publicó un libro titulado Diálogos sobre la vida de Jesucristo. Se imprimió por primera vez en latín y posteriormente se reimprimió en varias lenguas europeas como el francés, el alemán, el italiano y el español. En este libro, Gauricus incluyó una pintura alegórica que representaba la historia de cómo un ángel tentó a Adán y Eva para que comieran del árbol del conocimiento del bien y del mal. Había dos ángeles representados en esta obra, uno que tentó a Eva y otro que acudió en su rescate (o intervino).

Estos dos ángeles, que representan un tipo de ser angélico muy diferente de todo lo que hemos mencionado hasta ahora, están considerados como uno de los ángeles más importantes y singulares del cristianismo. El detalle del cuadro de Fra Luca los representa con seis alas y sin piernas. Se les describe vestidos totalmente de blanco, con el pelo suelto y una corona, o como un hombre alto con una larga túnica. Esta representación ha perdurado hasta nuestros días y es utilizada por algunas iglesias cristianas en sus obras de arte.

Puede que algunas personas conozcan la jerarquía angélica, pero no entiendan cómo funciona. La jerarquía tiene que ver con el trabajo de los ángeles. El ángel más famoso es Miguel, pero muchos otros por encima y por debajo de él realizan diferentes tareas. Todo forma parte de su papel como agentes de la voluntad de Dios en el mundo, que consiste en ayudar a los humanos a cumplir su propósito en la Tierra. Esta jerarquía se divide en nueve rangos conocidos como coros, y cada uno posee características distintas identificadas por su nivel particular en la jerarquía.

Los Serafines

El rango más alto en la jerarquía angélica es el de los Serafines. Se considera que son los ángeles más cercanos a Dios y, por lo tanto, reciben su amor y su luz. Se les considera los guardianes del trono de Dios. Tradicionalmente, tienen seis alas y dos pares de ojos. El primer conjunto está en la parte delantera, donde hay dos ojos conocidos como "los ojos del amor", y el segundo conjunto está en la parte superior, que puede verlo todo en todo momento. Sobre sus cabezas hay un halo o anillo como un arco iris que brilla con luz como mil soles combinados en un gran resplandor. También se dice que los Serafines tienen pies de oro y manos como cristales. En el Antiguo Testamento de la Biblia, hay una referencia a los serafines que residían en el Templo de Salomón. Se decía que eran los ángeles que custodiaban el Arca de la Alianza y servían a Dios. Existen pruebas de que los pueblos de todo el mundo adoraban a los serafines en la antigüedad, incluso en la India, China, Japón y muchos otros lugares de Europa.

Los Querubines

El siguiente rango más alto después de los Serafines es el de los Querubines. Se describe a los Querubines con cuatro caras y cuatro alas. También se dice que tienen dos brazos y una coraza adornada con piedras preciosas. Los querubines parecen ser iguales que los serafines, pero solo tienen dos pares de alas y un par de brazos. Los querubines son conocidos como protectores que guardan el trono de Dios en el cielo. También se dice que son los guardianes de la voluntad de Dios en la Tierra. De hecho, incluso se mencionan en el Antiguo Testamento en relación con Adán y Eva. Cuando abandonaron su hogar en el Jardín, fueron apostados fuera del Edén con una espada flamígera para guardar el camino hacia el árbol de la vida. Los Querubines son un símbolo de inocencia y pureza, y por ello, a muchas personas les gusta ponerlos en sus obras de arte o en sus hogares religiosos para poder conectar con estas cualidades en su interior.

Los Tronos

El siguiente rango después de los Querubines es el de los Tronos. Se dice que son una rueda llameante con mil ojos, y que Dios se sienta en el centro de esta rueda. Se cree que esta es la misma rueda descrita en el libro de Ezequiel. Allí se dice: *"Sobre él (el trono) estaban las ruedas de fuego, y las cuatro ruedas tenían la misma semejanza. El aspecto de las ruedas era como el de una rueda en medio de otra".* Estas ruedas tienen ojos de fuego, y no están allí solo para ser decorativas, sino para representar la presencia de Dios y su voluntad en la Tierra. Están más cerca de Dios y permanecen siempre en su presencia.

Los Dominios

Este rango de ángeles son los guardianes del orden divino, piense en la administración media. Están a cargo de las normas, leyes y reglamentos del universo y, por lo tanto, se ocupan de que todos los humanos sigan estas leyes. También supervisan toda la actividad humana, por lo que se les puede considerar un grupo de trabajo que investiga la mala conducta social. Esta orden de ángeles también se conoce como Hashmallim y se les considera responsables de terremotos, tormentas y otros desastres naturales. Sin embargo, se da a entender que reciben estas órdenes de Dios, que les envía para hacer su voluntad. El líder de este grupo es el ángel de la misericordia, Zadkiel.

Las Virtudes

Con una forma parecida a orbes de luz, estos ángeles están encargados del mantenimiento de la naturaleza. A lo largo de la historia, las Virtudes han sido conocidas como sanadoras y puede considerarse que son las responsables de garantizar que la naturaleza funcione de forma óptima. Conceden milagros a aquellos que lo merecen, según las instrucciones de los ángeles de rango superior. En la Biblia, se dice que estos ángeles estaban presentes cuando Jesús ascendió al cielo.

Las Potencias

Las Potestades se describen varias veces como una masa flotante o nube de fuego o que poseen la forma de un toro alado. Son los rangos más cercanos a la humanidad y, por tanto, tienen ciertos cargos relacionados con los asuntos humanos. Velan por la justicia en la sociedad asegurándose de que todo el mundo entiende qué leyes y normas se les aplican. Son responsables del bienestar de la humanidad y a menudo se les encarga la enseñanza. Sin embargo, al igual que los humanos, son vulnerables a los actos de pecado y pueden volverse inmorales.

Los Principados

Este rango de ángeles se representa a menudo en el arte como rayos de luz. Se cree que están a cargo de las naciones individuales de la Tierra y de los grupos religiosos, pero también tienen una responsabilidad sobre toda la humanidad. Están a cargo de todas las situaciones relacionadas con la ley, la ciencia y la tecnología. También gobiernan las actividades de los ángeles regulares que están por debajo de ellos y se aseguran de que todos realicen sus tareas correctamente.

Arcángeles y ángeles

Los arcángeles son el rango más alto de los ángeles. Su trabajo consiste en ayudar a las personas y acercarlas a Dios guiándolas en su camino por la vida y, a veces, dándoles mensajes de Él. Se les conoce desde los tiempos más remotos como presencias que vigilan determinados asuntos del hombre. La palabra arcángel procede del griego arkhangelos que significa "el ángel principal".

En la práctica, solo hay cuatro arcángeles: Miguel, Gabriel, Rafael y Uriel. Sin embargo, el libro de Enoc menciona tres más, Remiel, Saraquael y Raguel. El nombre Miguel deriva de una palabra hebrea que significa "el que es como Dios". El nombre Gabriel significa "la fuerza de Dios", Rafael significa "la curación de Dios" y Uriel significa "la luz de Dios", aunque también hace referencia a estar en presencia de Dios.

Las opiniones precristianas sobre los arcángeles varían significativamente de las que se tienen hoy en día. Por ejemplo, en el pensamiento cristiano primitivo, se pensaba que los arcángeles Miguel y Gabriel funcionaban como portadores de guía y revelación, mientras que Rafael se consideraba más bien una figura estética. Hoy en día, la mayoría de los teólogos modernos consideran a Miguel como el líder de los demás arcángeles y a Gabriel como el único ángel que se apareció a María en el Nuevo Testamento.

El Arcángel Miguel, también conocido como el Anciano de los Días, vela por toda la humanidad. Es el ángel principal encargado de todos los asuntos que conciernen a la humanidad. Aunque muchos cristianos lo ven como el que gobierna a los ángeles, no lo hace directamente. Más bien, es el líder de todos los arcángeles porque se dice que se encuentra entre los ángeles más antiguos que existen. En algunas leyendas, se aparece a los miembros de la humanidad con cualidades y necesidades únicas y a menudo concede poderes especiales a quienes más los necesitan. Se dice que Miguel estuvo presente cuando Jesús ascendió al cielo y a menudo se le pinta en el arte cristiano vistiendo una armadura de cota de malla que le cubre las piernas y los pies, estando su armadura decorada por varias pequeñas estrellas o cruces.

El Arcángel Gabriel es visto como el mensajero de Dios. Se dice que es el que trae mensajes a los hombres de parte de Dios y orienta a los que lo desean. En el libro del Apocalipsis del Nuevo Testamento, se le asigna un papel central en traer noticias de la historia del regreso de

Jesucristo a la tierra y su victoria final sobre Satanás. Cuando Jesús fue llevado al cielo, fue Gabriel quien llevó esta noticia a María, su madre.

El Arcángel Rafael es visto como un ángel sanador y visitará a los enfermos en sus sueños con mensajes de Dios si requieren curación. A menudo se le representa vistiendo túnicas rojas y con alas, lo que significa su papel de sanador y guía.

El arcángel Uriel es visto como el ángel de la sabiduría y el arrepentimiento. Se dice que es el querubín encargado de custodiar la puerta del Edén. También es el ángel de la muerte que arrasó Egipto en la Pascua y el ángel enviado para advertir a Noé sobre el diluvio.

Los arcángeles han aparecido en diversas religiones de todo el mundo. En el islam, el arcángel Gabriel se apareció a Mahoma y le reveló el Corán. En el judaísmo, Gabriel es el ángel de la muerte. En el cristianismo, se apareció a María y le informó del nacimiento de Jesús. También se cree que Gabriel es el ángel que tocará la trompeta el último día, pero se trata de una creencia cristiana porque los musulmanes creen que es el arcángel Rafael quien realizará esta acción.

El término "arcángel" también se utiliza en la tradición zoroástrica. De los siete Santos Inmortales, dos son arcángeles, Mitra y Rashnu. En este caso, sirven de intermediarios entre Dios y el hombre. En la Wicca, a los arcángeles se les suele llamar "guardianes" o "reyes elementales". Se han reinterpretado como idénticos a otras deidades autoritarias de otras religiones, como Jehová y Satanás, aunque la mayoría de los adeptos los reconocen como seres separados.

Los arcángeles han sido representados con muchos estilos y tipos de vestimenta. En el arte cristiano, Miguel aparece a menudo con un casco alado y suele llevar una espada flamígera. A Gabriel se le suele ver vistiendo una túnica azul claro y con alas, que es su aspecto habitual en el libro del Apocalipsis. Se cree que Rafael lleva la misma vestimenta que Miguel, pero con una capa o manto rojo. Uriel ha sido representado con una armadura como la de Miguel, pero sin las alas. Sin embargo, también se puede ver a Uriel con túnicas negras y suele llevar una lanza en la mano derecha, lo que hace referencia a su papel como ángel de la muerte.

Los arcángeles han sido representados en el arte religioso durante varios siglos, con ejemplos tempranos de arte de arcángeles que se remontan al menos al siglo I. La representación más antigua que se conserva de un ángel procede del "Libro de Durrow" del siglo X. La pintura representa una figura alada con un halo sentada encima de un tronco de árbol, que simboliza la muerte. En algunas representaciones, esta imagen está acompañada por otra figura con las alas extendidas y un halo. Este segundo ser se ha interpretado como un demonio angélico que toma el control del primero y representa la muerte. El arte cristiano posterior considera a Miguel como el arcángel más importante, y a menudo aparece en pinturas o esculturas sosteniendo su espada flamígera. De este modo, se le puede comparar con el dios hindú Shiva, que protege el mundo con una espada divina. Una de las primeras representaciones de Rafael es la del artista renacentista italiano Giovanni Lanfranco, que lo pintó con una concha de vieira en la mano derecha. La concha de vieira como símbolo está relacionada con la inmortalidad, ya que algunos creen que si -al morir- uno tiene una concha de vieira en la mano, se convertirá en inmortal.

En el ocultismo, Uriel ha sido visto como una fuerza espiritual clave que puede alejar a los espíritus negativos o malignos. Muchos ocultistas modernos, sin embargo, creen que Uriel debe ser visto como el arcángel que controla las fuerzas de la naturaleza, mientras que Gabriel controla los cuatro elementos, fuego, tierra, viento y agua. Además, creen que Miguel debe ser visto como el encargado de las energías espirituales y de todas las cosas buenas de la vida, mientras que Rafael está a cargo de la curación y el amor. Aunque este punto de vista puede ser popular entre algunos ocultistas, no es un punto de vista compartido por muchas religiones mayoritarias conocidas.

La diferencia entre los arcángeles y los ángeles regulares es un aspecto del papel del arcángel en la tradición judeocristiana. En la Biblia, Dios envía ángeles regulares para que lleven a cabo su voluntad, pero los arcángeles son ángeles especiales a los que se otorga un estatus superior y son más potentes que otros ángeles regulares. Los dos arcángeles más destacados, Miguel y Gabriel, fueron enviados por Dios para llevar a cabo tareas cruciales que afectaban a toda la humanidad. Miguel tuvo un papel importante en derrotar a Satanás y conducir a la humanidad a la salvación, mientras que Gabriel tuvo un papel importante en revelar mensajes y profecías de Dios a los humanos.

Las creencias cristianas y judías actuales en los arcángeles derivan en gran medida de su creencia en los ángeles y en la jerarquía angélica. En la creencia cristiana, los ángeles han sido vistos como los mensajeros de Dios. Por ello, se cree que tienen un sistema jerárquico de rangos. Sin embargo, algunas iglesias protestantes no están de acuerdo con estas jerarquías y no creen que exista una jerarquía de ángeles. La Iglesia católica cree que sí la hay, pero no cree que estas jerarquías sean tan estrictas o estructuradas como lo fueron en el pasado.

Preguntas frecuentes

P: ¿Cuántos ángeles hay?

R: Los estudiosos estiman que hay entre millones y miles de millones de ángeles. Sin embargo, la mayoría coincide en que hay al menos varios millones.

P: ¿Qué aspecto tiene un ángel?

R: Existen muchas descripciones de los ángeles y de su aspecto. En el Antiguo Testamento, se les describe como criaturas aladas, y en el Nuevo Testamento, tienen rasgos humanos y se ha dicho que tienen alas y halos. Otras descripciones dicen que los ángeles son altos, con grandes músculos y pelo o piel radiantes. En otros textos antiguos, se describe a los ángeles como hechos totalmente de luz.

P: ¿Tienen personalidad los arcángeles?

R: En la mayor parte de la Biblia, a los arcángeles no se les atribuyen personalidades humanas. Sin embargo, en muchas religiones modernas, como el judaísmo y el cristianismo, se describe a los arcángeles como seres inteligentes y con individualidad.

P: ¿Todas las religiones tienen arcángeles?

R: En realidad, no todas las religiones tienen arcángeles. Algunas religiones, como la hindú y ciertas religiones nativas americanas, no creen en absoluto en los arcángeles. Otras religiones, sin embargo, creen en los arcángeles y les dan nombres diferentes.

P: ¿Los ángeles tienen género?

R: Se cree que los ángeles no tienen género. A menudo se debate la naturaleza sin género de los ángeles. Sin embargo, algunas religiones creen que, aunque los ángeles no tienen género, siguen identificándose con un género específico.

P: ¿Puedo conectar realmente con un ángel o arcángel?

R: Conectar con un ángel o arcángel es posible y lo han hecho personas a lo largo de la historia. Un ejemplo notable es el del místico clarividente Edgar Cayce, que pudo conectar con el Arcángel Miguel y recibir información detallada sobre su papel y el de otros ángeles.

Hay muchas cosas que considerar cuando se piensa en ángeles y arcángeles. Por ejemplo, cada religión tiene su propia interpretación de lo que es un ángel o arcángel y de cómo deben actuar o aparecer. Algunas religiones creen que los ángeles son criaturas aladas, mientras que otras creen que son seres sin género. Unas pocas religiones creen que los ángeles están hechos completamente de luz y no tienen forma sólida. Estas creencias opuestas dificultan que las personas que practican religiones diferentes se pongan de acuerdo sobre la identidad de un ángel o arcángel. Sin embargo, muchas religiones no descartan el papel que los ángeles y arcángeles desempeñan en el mundo. Casi todas las religiones creen que los ángeles tienen un papel importante en la vida y que pueden utilizarse para ayudar a los humanos en sus luchas diarias y en su búsqueda del conocimiento. Así pues, si alguna vez se ha preguntado qué es un ángel o un arcángel y cuál es su papel, puede sentirse más tranquilo sabiendo que en casi todas las religiones se les trata como seres puros cuyo único propósito es ayudar a los humanos.

Capítulo Dos: Conceptos básicos sobre los guías espirituales

Los guías espirituales son los aliados invisibles de su viaje espiritual para ayudarle a proporcionar sabiduría y perspicacia. Existen para ofrecer orientación y apoyo en cada paso de la vida. Los guías espirituales no son una idea religiosa, sino más bien un antiguo concepto universal que puede encontrarse en muchas culturas de todo el mundo. Los guías pueden presentarse de muchas formas, incluidos los familiares animales, los ángeles, los espíritus de la naturaleza e incluso los seres queridos que le rodean. Pueden estar presentes en el mundo físico, el plano astral o la dimensión.

Los guías pueden ser incluso parte de su yo superior o una forma espiritual en otro nivel completamente distinto. Pueden aparecer y desaparecer, hablarnos a través de nuestros sueños o llegar en un torrente de energía y emoción. Pueden ayudarnos a sanar emocional, mental y físicamente. A veces incluso pueden realizar actos de magia también para nosotros. Aunque algunos pueden ser mensajeros de curación, protección, amor e iluminación, otros son mensajeros de advertencia. Los espíritus guía actúan como nuestros guardianes en el mundo astral, el plano al que vamos cuando dormimos o entramos en estados alterados de conciencia a través de la meditación o el trabajo chamánico.

En la antigüedad, se pensaba que los espíritus habitaban en cada piedra, árbol y masa de agua. Sin embargo, hoy en día, con el rápido avance de la ciencia, somos más conscientes de que todas las cosas del plano físico tienen una dimensión espiritual. Las culturas antiguas creían que todo estaba compuesto de energía, no solo el mundo físico, sino incluso nuestros seres. El cuerpo humano está hecho de energía, y los propios seres humanos también están hechos de energía.

Los guías espirituales forman parte de esta misma energía, pero en un nivel superior al nuestro. En otras palabras, son una parte integral de nuestro ser que reside en muchas dimensiones simultáneamente, tanto en el plano físico como más allá. Son el combustible que mantiene en marcha nuestro viaje espiritual. A través de ellos, podemos acceder a un mayor sentido de autoconciencia y a información sobre cómo afrontar los retos de la vida. Cuando trabajamos con guías espirituales, pueden darnos consejos mucho más útiles que los que recibimos de amigos o familiares.

A lo largo de la historia de la humanidad, las personas han sentido que eran guiadas por la vida por fuerzas invisibles. Sentían que sus vidas y destinos estaban planeados de antemano y que había una razón para todo lo que les ocurría. Esta idea se expresa en muchas religiones del mundo, especialmente en las de Asia y Europa, así como en la cultura de los nativos americanos. Es una idea muy reconfortante para muchas personas porque explica cosas que no entendemos sobre nuestra existencia aquí en la Tierra. Muchos de nosotros anhelamos tener una conexión más profunda con nuestro yo superior y el universo; los guías espirituales pueden ser el eslabón perdido.

Los guías espirituales en la América nativa

En la cultura nativa americana, la creencia en los guías espirituales es muy fuerte. Cuando nace un niño, se realiza una ceremonia en la que los padres le dan un nombre tanto para su yo humano como para su yo espiritual. A veces esto también se hace para un adulto que pueda necesitar reconectarse con sus guías espirituales. Se llamará a un chamán, o curandero, para que realice la ceremonia.

Las culturas nativas americanas creen que cada individuo tiene al menos un guía espiritual principal que siempre está ahí para nosotros en nuestra vida cotidiana. Puede tratarse de un animal o de otras formas de la naturaleza, como el viento o el agua. Suelen ser espíritus tranquilos que no se dan a conocer a menos que alguien esté en peligro o necesite ayuda. Están ahí para ayudarnos en nuestros momentos de necesidad, pero siempre permanecerán ocultos para nosotros a menos que los invoquemos específicamente. Estos son los espíritus que nos guían a través de los grandes acontecimientos de la vida. Velarán por nosotros a lo largo de toda nuestra vida mientras atravesamos transiciones importantes y tomamos grandes decisiones. Estos guías trabajan con otros espíritus para ayudar a proporcionar orientación para el bien más elevado de cada persona. Es probable que aparezcan en momentos de transición, ayudando a guiar a las personas hacia una nueva dirección o camino. En otras ocasiones, pueden aparecer en momentos especialmente difíciles o perturbadores, ofreciendo consuelo y apoyo a quienes más lo necesitan.

Los guías espirituales en la Biblia

La Biblia menciona a los espíritus guías muchas veces a lo largo de textos y escrituras antiguos. Estos pasajes hablan de muchos espíritus que velan por las personas a lo largo de su vida, ayudando a guiarlas y protegerlas. Uno de los espíritus guía mencionados en la Biblia es Gabriel, el arcángel. En el libro de Lucas, ayuda a guiar a María durante el nacimiento de Jesucristo. La asiste con protección y sabiduría en un momento en que ella tiene que tomar una decisión muy importante sobre cómo proceder con su embarazo. Gabriel, que desempeña un papel central en la historia de María y Jesús, es un guía espiritual importante para muchas personas porque se dice que viene a nosotros a través de la Virgen María. La segunda vez que oímos hablar de Gabriel es en el libro de Daniel. Desempeña un papel importante en la vida de Daniel, protegiéndole de todo daño durante los momentos de mayor sufrimiento y toma de decisiones. Esta protección le permitió cumplir su misión como profeta elegido por Dios. Aprendemos que Gabriel tiene un don especial para asegurarse de que los necesitados estén protegidos y puedan hacer lo que han venido a hacer. Por eso a veces se le llama el guardián.

El Libro de Job nos habla de otro importante espíritu guía. Curiosamente, este espíritu guía no es uno que nadie pueda ver ni oír, ya que es invisible e intangible, pero podemos sentir su presencia mientras llena nuestros días de consuelo, paz y protección. Decir que este espíritu guio a Job sería quedarse corto porque se dice que le protegió de todo mal viajando en torbellinos a su lado.

Guías espirituales y chamanismo

Al igual que los nativos americanos, las culturas chamánicas también creen en los espíritus guías y otros seres espirituales que velan por cada individuo y le ayudan a lo largo de su vida. Un chamán es alguien llamado a ayudar a la gente mediante el uso de guías espirituales. Meditarán con ellos, les rezarán y estarán en comunión con ellos en ceremonias especiales. Estas ceremonias suelen realizarse en solitario, pero también pueden realizarse en grupo bajo la atenta guía del chamán. Durante estas ceremonias especiales, el practicante chamánico busca contactar con sus guías espirituales. Lo hacen a través de la meditación y realizando ofrendas y danzas sagradas. Los practicantes chamánicos creen que se necesita mucha disciplina para encontrar a sus guías espirituales y trabajar con ellos personalmente. También requiere una gran confianza tanto en los propios guías espirituales como en el proceso de descubrir su verdadera naturaleza.

Guías espirituales africanos

Las culturas africanas creen firmemente en el concepto de los guías espirituales. Muchas culturas africanas tienen un líder espiritual que es conocido por tener conexiones especiales con los espíritus y conocimiento de lo que está por venir en el futuro. Estos líderes espirituales viven con su pueblo y se les llama sus "hermanos espirituales". Suelen ser muy humildes y respetados y a menudo hacen exactamente lo contrario de lo que la sociedad espera que hagan. Pasan la mayor parte del tiempo recluidos, fuera de la vista, pero siempre están con la gente a la que sirven. Velan por estas personas y las protegen de cualquier daño, enfermedad o pobreza.

En muchas tribus africanas, una persona nace con un guía espiritual particular que permanecerá con ella durante toda su vida. Estos guías les ayudan a ver con claridad y a vivir una vida larga y plena, libre de enfermedades y otros conflictos. En otras tradiciones, el guía espiritual llega a las personas en momentos de transición en la vida. Puede llegar en el momento del nacimiento, la muerte o una decisión importante, como un compromiso o el matrimonio. Algunos guías espirituales populares en África son los *orishas*, los dioses y diosas de la religión yoruba. A pesar de ser originarias de África Occidental, estas deidades también son veneradas en Brasil, Cuba, Haití y otros países del Caribe. Se recurre a los Orishas para que ayuden a la gente y respondan a sus preguntas en momentos difíciles, como la muerte y la pérdida. Los Orishas más conocidos son

- Sango (pronunciado *"san-go"* con énfasis en la segunda sílaba), el dios del rayo y el trueno
- Ogun, el dios de la guerra
- Osun, la diosa del amor y la feminidad (se pronuncia *"O-shun"* con énfasis en la segunda sílaba)
- Obatala, el creador
- Esu, el embaucador (se pronuncia *"Ei-shu"*)

En la fe rastafari, el concepto de un espíritu guía se enfatiza en sus creencias sobre Haile Selassie I. A principios del siglo XX, Haile Selassie era visto como una encarnación de Dios que fue enviada para liderar a su pueblo en África. Muchos rastafaris creían que regresaría físicamente a la Tierra tras su muerte en 1975. La muerte no se considera un final, sino un principio dentro de este sistema de creencias. Por lo tanto, creen que Haile Selassie sigue vivo y que ha abandonado su cuerpo para vivir entre ellos en la Tierra como su guía espiritual.

En Haití, los espíritus guía pueden encontrarse en casi todos los aspectos de la cultura haitiana. Se cree que los espíritus desempeñan un gran papel en la sociedad y que todo el mundo tiene al menos un espíritu guía que le acompaña a lo largo de la vida. Las creencias haitianas sobre los espíritus guía incluyen desde los antepasados que viven en el bosque hasta los espíritus de las plantas y los animales. En algunas partes de Haití, se cree que los líderes religiosos son guías espirituales. Estos curanderos utilizarán sus poderes para curar a los enfermos o para atraer la prosperidad o el amor a la vida de su pueblo.

En la cultura africana, se cree que los espíritus guía pueden comunicarse con los difuntos y que también tienen poder sobre el planeta. Se puede contactar con ellos rezando, bailando o utilizando objetos sagrados. Los curanderos africanos suelen pedir consejo a sus dioses y guías espirituales cuando realizan una ceremonia de curación o adivinación. En estas ceremonias, los curanderos espirituales creen que pueden establecer contacto con sus guías espirituales para obtener una visión o consejo que puedan utilizar para ayudar a sus pacientes.

Los guías espirituales en el espiritismo occidental

En el espiritismo y ocultismo occidentales, los guías espirituales son muy comunes. Se cree que estos guías espirituales son seres invisibles que pueden ayudar a la gente con sus problemas o aconsejarles sobre lo que deben hacer en determinadas situaciones. Los guías espirituales pueden incluso permitir que la gente se acerque a ellos y hable con ellos utilizando un tablero ouija o algún tipo de objeto que permita al guía comunicarse por sí mismo.

Este concepto de guía espiritual es similar al del practicante chamánico, pero no se utiliza tan comúnmente en la sociedad occidental porque a menudo se considera una creencia en la magia o la brujería. Sin embargo, es importante señalar que los guías espirituales no son exactamente lo mismo que los seres espirituales, como los fantasmas o los demonios. Muchas culturas de todo el mundo creen que se puede contactar con los espíritus a través de rituales y ceremonias especiales y no son necesariamente malignos o malévolos como se perciben en las religiones occidentales dominantes.

Los guías espirituales y el movimiento de la Nueva Era

El Movimiento de la Nueva Era enseña que algunos dioses y diosas viven en nuestro planeta y que pueden enseñarnos cómo alcanzar la iluminación espiritual. Para conocer a estos dioses y diosas y pedirles consejo o ayuda, primero debemos reconocer su presencia en nuestras vidas y conectar con ellos a través de la meditación. Muchas personas, creyentes o no, del movimiento de la Nueva Era pueden contactar con guías espirituales. Esto se debe a que la práctica de contactar con los guías espirituales se ha hecho muy popular hoy en día, especialmente entre los que practican la medicina energética. Algunos practicantes de la medicina energética creen que cuando uno contacta con sus guías espirituales, puede utilizar su poder para curarse a sí mismo. Al hacer esto, se cree que entonces podrá llegar a otras personas que también puedan necesitar su poder curativo o su consejo.

Tipos de guías espirituales

A menudo se recurre a los guías espirituales para obtener consejo u orientación sobre diversos asuntos o problemas que alguien pueda tener. Después de todo, estos espíritus pueden tener un gran conocimiento, sabiduría y comprensión del mundo que les rodea. Su guía espiritual está a su disposición para cualquier cosa que desee que haga. Están ahí para usted cuando necesita saber qué hacer en determinadas situaciones, como cuando necesita ayuda con un problema, consejo sobre cómo tratar con determinadas personas o incluso cuando necesita a alguien que le anime en los momentos difíciles de la vida. Su espíritu guía no le juzga. Están ahí para usted tanto si es una buena como una mala persona y tanto si cree en un poder superior como si no.

Los guías espirituales pueden entrar en su vida en cualquier momento. Sin embargo, normalmente harán acto de presencia cuando más los necesite, cuando tenga un problema o cuando ocurra algo importante en su vida, como mudarse a un nuevo lugar o casarse. Pueden ser personas que han muerto y que aun existen en nuestro mundo como espíritus benévolos; sin embargo, también pueden ser otras entidades como ángeles o animales. A continuación se enumeran algunos guías espirituales comunes:

Animales espirituales: Muchas personas creen que los animales espirituales son guías espirituales, especialmente aquellos que practican el Paganismo y la Wicca. Muchos paganos creen que cada persona tiene un espíritu animal sagrado que le es familiar y que puede ayudarle a realizar hechizos y rituales. Dicen que se puede crear un vínculo con este animal a través de la meditación cuando se está en comunicación con Dios o el Creador. Se dice que el familiar puede proteger a su amo de cualquier daño, especialmente si los dos están emparejados durante los rituales y el lanzamiento de hechizos. Dentro de la sociedad nativa americana, la relación entre un mago y su familiar es como la de un perro y su amo. El familiar de una persona permanecerá cerca de su amo en todo momento, incluso cuando este haya pasado a la otra vida. Los tipos de familiares animales incluyen serpientes, gatos, perros, pájaros, etc. Sin embargo, los gatos negros se consideran los familiares animales más poderosos debido a su capacidad para causar buena y mala suerte, dependiendo de la situación.

Antepasados: En algunas culturas, se cree que los espíritus de los familiares muertos son guías espirituales. Este es uno de los tipos de guías espirituales más comunes entre los curanderos espirituales afroamericanos y otros grupos culturales que practican ceremonias religiosas basadas en sus antepasados muertos. Los espíritus de los antepasados muertos pueden estar ahí para ayudarle con sus problemas o para enseñarle a vivir una vida mejor. Los espíritus de sus antepasados también podrán enseñarle sobre sus diferentes personalidades y cómo aprender de ellos y apreciar sus experiencias vitales únicas.

Los ángeles: Se cree que los ángeles son los mensajeros de Dios y a menudo trabajan con otros espíritus para ayudar a las personas necesitadas. Se sabe que pueden mostrarle visiones del futuro, aconsejarle sobre asuntos importantes y ayudarle con sus problemas. Siempre que sienta que los ángeles o los espíritus guías están cerca, suele haber una razón para ello. Quizá estén ahí para ayudarle en un momento de necesidad, o quizá solo forme parte de su misión vigilarle y protegerle.

Maestros ascendidos: Un maestro ascendido es alguien que ha muerto y regresa para enseñar a otros acerca de Dios o de un poder superior. Estas personas supuestamente han alcanzado una iluminación espiritual superior y por ello están aquí para ayudarle. Podrán darle consejos sobre cómo vivir su vida, alcanzar la felicidad y evitar problemas en su vida. Los maestros ascendidos suelen ser los espíritus de figuras religiosas como Jesucristo, Buda, María Magdalena, Confucio e incluso el profeta Mahoma.

Elementales: Se cree que los elementales son espíritus guías y también se les conoce como hadas, duendes o duendecillos. A menudo se asocian con los árboles, el agua y el aire y a veces se les considera espíritus de la naturaleza. Pueden aparecer con forma humana y acompañar a determinados humanos a lo largo de su vida. Se cree que el elemental es capaz de crear pequeños cambios en la naturaleza que pueden incluir lluvias para ayudar con las condiciones de sequía o hacer que el sol brille más. También pueden conceder deseos, especialmente los relacionados con el amor y la suerte.

Los elementales se asocian a menudo con la naturaleza
https://unsplash.com/photos/1EYMue_AwDw?utm_source=unsplash&utm_medium=referral&utm_content=creditShareLink

Yo superior: Al yo superior también se le llama el espíritu residente, el verdadero yo, y se cree que está dentro de la mente o el corazón de cada uno. Se dice que existe desde antes del nacimiento y que está dentro de todos. El yo superior guía a una persona a través de la vida, la protege y la ayuda a tomar decisiones que son en su mejor interés. También se dice que puede decirle cuál es su propósito en la vida y cuáles son sus talentos especiales, e incluso puede darle la capacidad de ver su futuro.

Las personas que han tenido Experiencias Fuera del Cuerpo (EFC) a menudo dicen haberse encontrado con espíritus guía durante su experiencia. A veces, estos seres pueden darles consejos o mostrarles visiones. Algunas personas también pueden informar de haber contactado con guías espirituales mientras se encontraban en un estado similar al de la muerte. Durante el tiempo posterior a la muerte, una persona puede encontrarse con sus guías espirituales, que le proporcionarán orientación y asistencia para ayudarle a atravesar el periodo de transición entre la muerte y el más allá. En otras ocasiones, quienes afirman tener EFC dicen que los guías espirituales son manifestaciones de su mente superior. En este caso, una persona puede entrar en contacto con su propio Yo Superior o con su alma que se ha separado de su cuerpo físico y sigue vagando por el universo.

¿Por qué debería ponerme en contacto con mi guía espiritual?

El término "espiritual" significa algo relacionado con nuestra conciencia o nuestra alma. También puede referirse a una entidad divina o a una presencia invisible que no podemos explicar con la ciencia y la lógica. En la sociedad actual, existe una gran necesidad de comprender la importancia de los guías espirituales en la vida humana. Los guías espirituales pueden ayudarle a darse cuenta de quién es realmente y de cuál es su lugar en el universo. Pueden darle una idea de su verdadero propósito en la vida y de cómo puede cumplirlo fácilmente. Si se lo permite, le guiarán en todos los aspectos de su vida, incluido su lado espiritual, emocional e intelectual. Los guías espirituales siempre le ayudarán a alcanzar todo su potencial, aunque usted crea saber qué es lo mejor para usted. Le llevarán más allá de los límites que le impusieron la genética o las malas experiencias. Cuando comprenda y acepte su papel en su vida, le guiarán mejor hacia una mayor comprensión de Dios y del significado que hay detrás de todas las cosas.

Cada persona tiene un espíritu guía. Aprender a comunicarse con este guía es importante porque puede hacerles cualquier pregunta y ellos le responderán. Le proporcionarán una visión de su alma y le ayudarán a encontrar un cierre con experiencias pasadas. Los guías espirituales pueden ayudarnos de muchas maneras, entre ellas manifestando nuestros deseos a través de su conexión con el universo y ayudándonos a comprender el verdadero significado de nuestras experiencias vitales.

Relatos reales de guías espirituales

Los guías espirituales han sido testigos y han quedado registrados en experiencias de la vida real. He aquí algunos breves ejemplos:

- En 1975, una mujer llamada Helen Smith afirmó haber estado en contacto con su guía espiritual, a la que llamó Sofia, durante 12 años. Durante este tiempo, Sofia guio a Helen a través de muchos asuntos relacionados con su vida. También la ayudó a desterrar los espíritus de aquellos que intentaban hacerles daño a ella y a sus hijos en su casa.
- Otra mujer llamada Sheila Wyatt afirma que a la edad de 14 años conoció a un espíritu guía que apareció en forma de gato.

Este gato enseñó a Sheila a viajar entre dimensiones paralelas durante la proyección astral y también a curar utilizando energías divinas. Hoy en día, Sheila utiliza esta habilidad con sus clientes ayudándoles a curar enfermedades mediante prácticas espirituales y trabajo energético.

- Existe un relato de tercera mano en el libro titulado "El mundo más allá de la muerte: Una investigación de más de 50 experiencias cercanas a la muerte y de otro tipo", del Dr. Raymond Moody. En este libro, un hombre cuenta la historia de cómo quedó atrapado en un pozo cuando era joven. Mientras estaba atrapado, oyó a su espíritu guía que le llamaba desde encima del pozo. El espíritu le dijo que estaba esperando a que lo rescataran del pozo y le dijo que no se preocupara. El padre del niño le encontró entonces y le sacó del pozo.

Aunque no existe una explicación científica para los espíritus guía, se cree que todos tenemos un elemento espiritual en nuestro interior. Puede que nunca sepamos por qué estamos aquí, pero hay cosas en la vida que ya sabemos sobre nosotros mismos y que no aprendimos de nuestros padres o de otras influencias. Los guías espirituales pueden ayudarnos a encontrar estas cosas sobre nosotros mismos y enseñarnos a ser capaces de utilizarlas en nuestra vida. También pueden enseñarnos cosas sobre el universo y la naturaleza.

Si nunca ha tenido una experiencia con su guía espiritual, no se preocupe. Algunas personas tampoco han experimentado nunca la presencia de sus guías espirituales. Aun así, casi todo el mundo puede experimentar su poder y su fuerza en su vida si se abre a su influencia. Lo cierto es que cuando por fin se encuentre con su guía, seguro que lo conocerá.

Capítulo Tres: Señales angélicas

Muchas personas sienten que los ángeles están siempre ahí, dándonos guía y apoyo. Tanto si podemos verlos como si no, siempre intentan transmitirnos mensajes en nuestro beneficio. ¿Qué ocurre si se pierde esas señales porque no sabe lo que intentan decirle? Comprender las señales es una gran forma de tender un puente entre los seres angélicos y los humanos. Las señales más comunes incluyen:

Notar su presencia

¿Alguna vez ha tenido la sensación de que alguien le observa cuando está solo? Aunque siempre es agradable saber que no estamos completamente solos en el mundo, a veces esto puede resultar un poco inquietante. Esta sensación es especialmente fuerte si alguien parece estar siguiéndole a todas partes. Según los textos antiguos y la sabiduría popular, esta es una de las formas más básicas que tienen los ángeles de decirnos que están intentando enviarnos mensajes. Harán muy notoria su presencia si quieren nuestra atención hasta que recibamos el memorándum. El contacto puede adoptar cualquier forma, desde suaves golpecitos en el hombro hasta un repentino escalofrío en el aire o incluso la sensación de que alguien se acerca por detrás. Este contacto físico también puede ser muy sutil. A veces podemos sentir que alguien está justo detrás de nosotros, casi tocándonos los hombros cuando, en realidad, estamos solos. La clave está en buscar estas señales porque podrían estar intentando llamar su atención.

Sensaciones olfativas

Cuando pensamos en los ángeles, pensamos en ellos como seres muy puros y divinos. Puesto que están más allá del tiempo y del espacio, no hay forma de saber si no nos están enviando constantemente olores que nos recuerdan a las cosas más puras que jamás hayamos encontrado. Ya sea el olor de las flores o un aroma particular que le recuerde su recuerdo favorito de la infancia, esta es una forma que tienen los ángeles de llamar su atención. Si tiene problemas para comprender lo que sus ángeles intentan decirle, uno de los mejores métodos es prestar atención a los olores que le atraen y a las sensaciones que evocan en usted. Las sensaciones olfativas son un buen indicador de lo que traman sus ángeles.

Música significativa

Los ángeles pueden enviar mensajes a través de la música
https://pixabay.com/images/id-605422/

¿Alguna vez ha escuchado música que le haya inspirado tanto que haya empezado a sentir que algo mejor estaba por llegar? Si ha pasado por un momento difícil y la letra le llegó al corazón, o la melodía simplemente hizo que todo pareciera correcto en el mundo, podría haber sido un ángel cantándole. Puede que no piense en absoluto que los ángeles tienen voz, pero sí que tienen una forma de expresarse a través de las canciones. También es algo a lo que tendemos a entregarnos más fácilmente que a la estimulación de los demás sentidos, de ahí que sea un medio muy eficaz de comunicación angélica. Algunas personas afirman haber oído coros celestiales al pasar por parques estatales o incluso en su propio patio trasero. Pruebe a escucharlo la próxima vez, ya que merece la pena, aunque solo sea para oír los sonidos más dulces imaginables.

Mensajes en sueños

Los sueños son una forma eficaz que tienen los ángeles de comunicarse. Pueden ser de naturaleza muy literal o mensajes simbólicos diseñados para decirnos algo que necesitamos saber en ese momento. Preste atención a lo que experimenta en sus sueños y pregúntese si hay algo que deba ser tratado o aclarado para usted. El mundo de los sueños es un reino muy místico y nuestros sueños pueden ser una forma de que los ángeles nos hablen. Debemos escuchar con atención porque los mensajes suelen ser oscuramente poéticos, pero están ahí sí sabe interpretarlos. Estos sueños también suelen ser muy intensos, por eso estamos tan desorientados cuando nos despertamos. Nos vemos arrastrados de vuelta a nuestro cuerpo y el mundo onírico comienza a desvanecerse. A veces, los mensajes llegan en su totalidad, pero otras veces se trata de encadenar diferentes cosas que se nos dicen a lo largo del tiempo.

Síntomas físicos

Su cuerpo le envía constantemente mensajes a los que puede o no prestar atención. Las enfermedades, los achaques y los dolores son señales que emite su cuerpo. Pueden atribuirse a muchas cosas como el estrés, las alergias o nuestro estado emocional, pero también podrían ser una forma de los ángeles de llamar nuestra atención. El reino angélico envía vibraciones a través de la atmósfera; a veces, captamos esas vibraciones a través del dolor físico. Se trata de una especie de llamada de atención destinada a hacernos escuchar. Cuanto más escuchemos, mejor comprenderemos. Es importante tener en cuenta que esto debe tenerse en cuenta con todo lo demás. No debe dar por sentado que cada dolor de cabeza es un ángel que intenta explicarle algo. Lo mejor es que escuche a su cuerpo y preste atención cuando le esté dando señales de alarma.

¿Qué son las sincronicidades?

Las sincronicidades son acontecimientos o coincidencias que parecen tener sentido. Parecen ser el resultado de alguna causa más allá de la coincidencia, como la causalidad intuitiva. La palabra sincronicidad fue acuñada en la década de 1950 por el psicólogo Carl Jung. Jung observó que las personas experimentan a menudo coincidencias relacionadas con sus pensamientos y sentimientos, y estos acontecimientos forman un patrón que conduce a una intuición o comprensión. Los sucesos pueden parecer aleatorios, pero a menudo reflejan un mensaje que la persona puede utilizar para comprender algo sobre sí misma.

En muchos casos, esta información revela algún cambio en la dirección de la propia vida o alguna oportunidad. En tales situaciones, la persona siente que ha obtenido una comprensión de sí misma o de su vida a partir de esta aparente reunión, encuentro o acontecimiento fortuito. La sincronicidad es la experiencia de coincidencias significativas que resultan de una guía divina o de un significado espiritual. En la vida de casi todo el mundo se producen muchos tipos de sincronicidades en algún momento. Pueden estar desencadenadas por un pensamiento, un sentimiento o acontecimientos externos, y también pueden ocurrir al azar. He aquí algunos ejemplos comunes:

1. **Un sueño significativo:** Los sueños son acontecimientos internos, que nos permiten adentrarnos en nuestra mente y nuestros sentimientos sin interferencias externas. Si un sueño es particularmente vívido y memorable, puede estar tratando de decirle algo importante. Los sueños también pueden ser proféticos o precognitivos.

2. **Una coincidencia que parece desencadenada por los propios pensamientos o sentimientos:** A veces, uno tiene la fuerte sensación de que alguien le va a llamar o visitar, y lo hace. Cosas que están relacionadas con usted de alguna manera parecen aparecer en el momento adecuado. Puede estar buscando algo y encontrarlo enseguida, o tener una necesidad y encontrar inmediatamente la solución perfecta cuando menos se lo espera.

3. **Circunstancias oportunas:** Los acontecimientos relacionados con la situación actual son lo suficientemente inusuales como para captar su atención y hacerle pensar: "Qué extraño". Cuando sucede algo que parece fuera de lugar, nos preguntamos por qué

ha ocurrido. Si recordamos haber soñado con el suceso antes de que ocurriera, podemos preguntarnos si tiene algún significado o mensaje.

La sincronicidad es una experiencia que refleja un orden espiritual subyacente en el universo. Algunas personas creen que las sincronicidades son el resultado de una guía divina o de un significado espiritual. Se piensa que estas coincidencias no son aleatorias, sino interacciones intencionadas del mundo espiritual. Estos sucesos deben distinguirse de la mera coincidencia, que no lleva aparejado ningún sentido de conexión significativa.

Los sucesos sincronizados están relacionados, aunque no haya una explicación aparente de por qué ocurrieron juntos. Simplemente se siente como si hubiera algún tipo de conexión entre ellos. La sincronicidad lleva implícito cierto sentimiento, y a menudo podemos darnos cuenta de cuándo algo es significativo para nosotros, aunque no podamos explicar por qué ha sucedido. Cuando la sincronicidad le afecta, puede sentirse excitado y estimulado, como si hubiera ocurrido algo importante. También puede notar un cambio repentino en la forma de percibir el mundo que le rodea.

La sincronicidad es un fenómeno que podría considerarse una de las formas sutiles y energéticas en que los ángeles se comunican con nosotros. Intentan despertarnos mensajes específicos sobre nosotros mismos o nuestras vidas guiándonos hacia determinada información y situaciones. Piense en cómo las sincronicidades pueden impulsar nuestras vidas en la dirección correcta, mostrándonos lo que necesitamos aprender, a quién tenemos que conocer o adónde tenemos que ir. Podemos saber algo intuitivamente, pensarlo y apartarlo de nuestra mente solo para que ocurra algo relevante, significativo o importante. Por ejemplo, puede que haya estado pensando en volver a la universidad pero haya desechado la idea porque tenía asuntos más urgentes a los que hacer frente en el trabajo. Sin embargo, poco después, le ofrecen un ascenso o un amigo o colega le menciona que está pensando en ir a la misma universidad. O tal vez haya recibido por correo un folleto interesante y resulta que ofrecen una clase nocturna que podría compaginar con su trabajo. Este sería un ejemplo de sincronicidad en el que ocurre algo relacionado con sus pensamientos y sentimientos, pero lo bastante inusual como para hacerle pensar: "Qué extraño".

Los ángeles intentan que prestemos atención y nos demos cuenta de lo que puede estar guiándonos. Quieren que nos demos cuenta de que puede estar ocurriendo algo más de lo que creemos, para que podamos aprovechar al máximo las oportunidades que se nos presenten. Intentan despertarnos al hecho de que nuestra vida no es tan mundana y rutinaria como suponemos, sino que puede contener mucho más de lo que sabemos. Quieren que tomemos nota de las cosas que no parecen tener sentido y que reflexionemos sobre lo que puede estar ocurriendo entre bastidores.

Los números del ángel

Los números del ángel son una serie de números que se repiten y que a menudo aparecen en un momento significativo de nuestras vidas. Son una forma de sincronicidad y pueden considerarse mensajes personales de sus ángeles o guías espirituales. Pero, ¿por qué querrían sus ángeles entregarle mensajes utilizando una serie de números?

Sus ángeles y guías espirituales son seres no físicos que existen en frecuencias vibratorias más altas que las nuestras. En esta frecuencia, no experimentan las limitaciones del tiempo y el espacio como nosotros, por lo que pueden verlo todo en el momento presente. Nos conocen mejor que nosotros mismos y ven el panorama general de nuestras vidas. Pueden ver el propósito que hay detrás de lo que experimentamos y saben lo que necesitamos aprender. También pueden ver el futuro y, por esta razón, los ángeles utilizan números en sus comunicaciones con nosotros.

Los números angélicos están por todas partes, incluso en los billetes de lotería y las matrículas de los coches. Estas secuencias especiales de números suelen aparecer en un momento en el que estamos tomando decisiones o realizando cambios importantes en nuestras vidas. Como todas las sincronicidades, los números del ángel parecen reflejar algún tipo de sentido o significado espiritual detrás de ellos. Las series de números angelicales se utilizan como una forma de que sus ángeles nos recuerden lo que estamos aquí para aprender o nos ayuden en el camino que debemos seguir. Por ejemplo, si tiene una serie de números que se repiten como el 1111 y el 2222, podría significar que necesita prestar más atención a los pensamientos y sentimientos que tiene en esos momentos.

¿Cómo puede saber cuándo un número angélico está intentando comunicarse con usted? Una de las formas más fáciles es fijándose en las secuencias de números que se repiten. Puede tratarse del 11:11 en el reloj digital de su coche o de su casa, o del 11:11 en las matrículas de los coches cuando pasa por delante de ellos. A veces simplemente aparecen en lugares aleatorios como números, o podrían ser una secuencia de letras o palabras, pero la señal más reveladora es si se da cuenta de que ha estado pensando y viendo una serie de números recientemente. Puede que haya estado teniendo sueños lúcidos o repitiendo palabras y frases en su cabeza que están representadas por la secuencia numérica. Esta repetición puede estar asociada a un acontecimiento o decisión personal que haya mejorado su vida. Si estos pensamientos y sentimientos repetidos están relacionados con un punto de inflexión importante en su vida, entonces puede estar seguro de que estos números le fueron enviados por sus ángeles.

La energía adicional que le proporciona la serie de números angélicos puede ayudarle a orientarse hacia la toma de decisiones y elecciones más alineadas con su bien mayor. El patrón energético de la secuencia numérica es como una huella dactilar energética, que le proporciona una sensación de seguridad y dirección a la hora de tomar decisiones desafiantes. Por esta razón, se considera una señal de sus ángeles, que se deleitan en mostrarnos cómo están con nosotros en cada paso del camino.

Los números angélicos y su significado

Los números son simbólicos y se han utilizado como una forma de guía divina desde la época de los antiguos. A menudo se utilizaban en rituales religiosos y de culto para dirigirse a seres o entidades espirituales, especialmente en la época medieval. Se cree que estos números pretendían ayudar a los dioses o ángeles como medio de comunicación proporcionándoles una forma física. Los números también tienen un poderoso impacto en la psique humana. Podemos utilizarlos para comunicarnos a muchos niveles con el universo, y pueden emplearse para cosas como tomar decisiones, establecer objetivos o incluso para sanar.

Cuando nota números angelicales en su vida, indica que sus ángeles quieren comunicarle algo. Quieren ayudarle a poner las cosas en perspectiva y asegurarle que todo va bien. También actúan como marcadores espirituales, dirigiendo su atención a una página especial del libro de su vida que necesita ser leída. Son indicios de que comienza un nuevo capítulo o de que ha alcanzado un punto de inflexión importante. He aquí una lista de números angélicos comunes y sus significados:

- **111** es la secuencia numérica más comúnmente vista por los ángeles, y aparece en todas partes, desde las matrículas de los coches hasta los relojes digitales. Estos números indican que hay nuevos comienzos en el horizonte, apoyados por las fuerzas universales de atracción y expansión. Significa que se está moviendo en la dirección correcta y que sus deseos se manifiestan ante sus ojos.

- **222** también se considera un número espiritual significativo, ya que representa a sus ángeles apoyándole en todos los aspectos de su vida. Esta secuencia numérica puede indicar que ha tomado una decisión o hecho una elección importante que está en armonía con un propósito mayor, que traerá prosperidad y nuevos comienzos a su vida.

- **333** es la frecuencia angélica asociada con el amor universal y la ascensión del alma. Estos números pueden aparecer en cualquier parte, desde las puertas de una habitación de hotel hasta los recibos de una tienda. Son comunes en las sincronicidades cuando se está tomando una decisión importante, y le indican que el amor y la compasión son fuerzas poderosas en el universo.

- **444** es otro número que se ve a menudo en las sincronicidades y representa la frecuencia de la verdad y el propósito. También se asocia con la manifestación física, por lo que estos números pueden significar que sus deseos se están manifestando en forma a su alrededor. Cuando ve estos números repetidamente, indican que sus ángeles quieren ayudarle a sintonizar con el propósito que hay detrás de lo que está experimentando o hacia dónde se dirige en la vida.

- **555** es el número asociado con el cambio y la transformación. A menudo se asocia con un acontecimiento próximo, como mudarse a una nueva casa o empezar un nuevo trabajo. También se cree que es el número del cambio y la transformación en las relaciones personales, por lo que podría ser una señal de que debe esforzarse más en comunicarse con las personas que le rodean.

- **666** se asocia a menudo con el diablo o el mal, pero esta asociación no es exacta en absoluto. Este número no tiene nada que ver con el mal; simplemente significa "no temas". Según la numerología, el 6 se relaciona con el hombre, y cuando se combina con la intrepidez (12), se obtiene un mensaje de "no temas" repetido dos veces. La intrepidez se relaciona con la perspectiva divina universal y las connotaciones de perfección, totalidad y plenitud del número doce.

- **777** es un signo universal de logro y realización, asociado con el crecimiento y la expansión en todos los ámbitos de su vida. Cuando vea estos números, significa que ha superado retos en el pasado y que ahora avanza hacia la prosperidad gracias a ello. Pueden indicar que le está llegando una gran oportunidad o recompensa por todo su duro trabajo.

- **888** es el número de la plenitud. Significa plenitud espiritual, conexión divina, guía espiritual y libertad de ataduras. Cuando vea esta secuencia numérica, indica que ha alcanzado la consciencia y que está recibiendo la guía de sus ángeles.

- **999** es una señal de que sus deseos han sido concedidos. Señala a todos los implicados en su vida que es el momento de celebrarlo y a menudo implica un logro personal o alguna forma de reconocimiento. Estos números indican que debe tomarse tiempo para disfrutar del momento porque pronto se le presentarán nuevas oportunidades.

Si se siente un poco perdido y confuso, puede que sea el momento de recurrir a sus ángeles. Lo sepa o no, ellos están ahí marcándole el camino e intentando comunicarse con usted. Busque las señales y si no encuentra ninguna, pregúntese qué está pasando en su vida en este momento que podría necesitar un poco de orientación. A continuación, escuche. Confíe en que están ahí, aunque no se estén dando a conocer.

Capítulo Cuatro: Los ángeles del zodíaco

Símbolos del zodíaco
Kwamikagami, CC BY-SA 4.0 <https://creativecommons.org/licenses/by-sa/4.0>, vía Wikimedia Commons: https://commons.wikimedia.org/wiki/File:Zodiac_circle_(planetary_colors).svg

Aunque la mayoría de nosotros no somos expertos en signos del zodiaco, todos hemos oído hablar del concepto. Zodíaco es un término que designa las constelaciones de estrellas visibles en el cielo nocturno. Hay 12 signos zodiacales, cada uno de los cuales tiene un arcángel y varios ángeles de la guarda que velan por los que están bajo ellos. El concepto tiene su origen en la astrología, que pretende que existen correspondencias cósmicas entre los cuerpos celestes de nuestro universo y las personas de la Tierra. Estas doce constelaciones se desplazan hacia atrás por el cielo nocturno, completando un círculo completo en un año, y son visibles en el hemisferio norte. El concepto del zodíaco es muy antiguo, se remonta a la antigua Babilonia, pero se ha utilizado de diferentes formas en casi todas las civilizaciones. Para comprender los verdaderos significados de su ángel del zodiaco y cómo puede afectar a su vida, debe familiarizarse con sus principales cualidades como fuente de energía. Las historias que hay detrás de cada ser celestial y su dominio de influencia le dirán mucho sobre su carácter y su potencial. Comenzaremos con una rápida visión general de los signos del zodiaco:

Aries: Aries es el primer signo del zodíaco y representa una vida centrada en la acción y la aventura. La característica de Aries es un enfoque único en lo que hay que hacer, incluso frente a la oposición o el peligro. Se siente inclinado a asumir riesgos, pero su agresividad puede meterle en problemas. Sin embargo, es persistente y no se rinde fácilmente cuando logra sus objetivos. Cuando lo consigue, sin embargo, es probablemente gracias a su tenacidad. A los nacidos bajo este signo les encanta probarse a sí mismos, y lo conseguirán de muchas maneras, pero su actitud dominante y dominada se interpone en sus relaciones, que pueden resultar egoístas y exigentes.

Tauro: Usted estaba lleno de potencial y entusiasmo en sus primeros años, quizá demasiado de ambos a veces. Puede que usted fuera poco convencional y un poco subversivo. Tenía ideas increíbles, pero no siempre podía llevarlas a cabo porque tendía a estancarse en las fases de planificación. Con el tiempo ha madurado y ha aprendido a dejar que las cosas se desarrollen por sí mismas en lugar de planificarlas a cada paso. Su energía vital ha experimentado una transformación similar, encontrando por fin su propio camino en lugar de intentar controlarlo todo a la vez.

Géminis: Su vida siempre ha sido muy compleja y siempre ha tenido que pensar sobre la marcha, adaptarse a nuevas situaciones e improvisar. Le gustan los retos y te encantan los cambios, las nuevas experiencias y estar en medio de las cosas, al menos cuando son positivas. Cuando se trata de cosas negativas, tiendes a evitarlas. Tiene un don para la conversación que los demás encuentran refrescante. Nunca mientes ni evades el tema. Siempre dice lo que piensas, pero esto puede salir en declaraciones contundentes, que pueden resultar hirientes. A veces habla tanto que la gente se molesta con usted, pero nadie podrá dudar nunca de su dedicación y talento para la comunicación.

Cáncer: Usted siempre ha sido sensible, quizá demasiado. Es posible que tenga desencadenantes dolorosos en su vida, especialmente si sufrió abusos cuando era niña. Incluso ahora, usted asume el dolor de la gente como si fuera propio. Necesita aprender a dejarse llevar y aprender a protegerse de situaciones que pueden percibirse como una amenaza, pero que realmente no lo son. Necesita aprender a confiar en sí mismo y en lo que sabe sobre el mundo que le rodea. En algunos casos, esto puede implicar reevaluar sus creencias. Con el tiempo, ha aprendido a cuidar de sí misma en lugar de depender de los estados de ánimo y las exigencias de los demás. Usted es intuitivo y tiene una forma de saber lo que le conviene y lo que no. Siempre sigue un presentimiento de sus entrañas.

Leo: Su vida siempre ha girado en torno a lo grande, pero en muchos sentidos, ha girado en torno al orgullo más que a cualquier otra cosa. Usted tiene un alto nivel de exigencia y un sentido de la obligación moral con respecto a la justicia y la integridad. Sin embargo, debe tener cuidado de que esto no parezca mandón o rígido porque los demás pueden tomárselo así. Tiene que dejar que las cosas fluyan como deben en lugar de forzarlas con una idea preconcebida de cómo deben ser. Debe aprender a confiar en los demás y dejarles crecer a su propio ritmo.

Virgo: Significa servicio, trabajo duro, salud y curación. Usted está tan centrado en los detalles y los aspectos prácticos que puede pasar por alto cuestiones más importantes. Es importante que mire el panorama general de su vida y que sea flexible a la hora de tratar con los demás. Le gustan las cosas limpias, ordenadas y bien organizadas y, como resultado, a veces puede sentirse sobrecargado. Puede que no tenga tiempo para hablar de las cosas que le importan, pero siempre tiene tiempo para hacer cosas concretas y necesarias. Es usted un experto en detalles y cosas prácticas, lo que le proporciona un fuerte sistema de valores. Sin embargo, puede resultarle difícil deleitarse con sus logros, por lo que a veces le ayuda dar un paso atrás en el día a día y simplemente respirar.

Libra: Su energía vital es equilibrada y armoniosa, pero también flexible y creativa. Es usted sensible a sus sentimientos e intuitivo sobre las intenciones de la gente. La pareja ideal de Libra es alguien que le apoye totalmente y que no intente precipitarse en el compromiso ni forzar el cambio. Necesita una pareja que esté dispuesta a trabajar en la relación, que le dé mucho espacio y le deje vivir su propia vida. También tiende a ser práctico y realista respecto a las opiniones o valores de los demás, ya que su objetivo es siempre la paz, la armonía y el equilibrio. Esto puede llevarle a transigir demasiado.

Escorpio: Este signo se asocia con la pasión, la profundidad de las emociones y los deseos ocultos. A veces puede ser combativo y tiene un gran potencial de poder. A veces este poder se canaliza en ira o frustración. Otras veces, puede mover a la gente a la acción por un bien mayor. Usted ha sido herido antes y sabe lo que se siente al estar en el extremo receptor del dolor. Suele ser muy consciente de los sentimientos de los demás y tiende a ponerse en su lugar, dejando en un segundo plano sus propias necesidades. También tiene una mente aguda, con un enfoque láser en los detalles y matices que otras personas no son tan buenas para captar.

Sagitario: Su vida siempre ha estado llena de aventuras y emociones. Le encanta la vida al aire libre y es un poco impulsivo. Le gusta salirse de los caminos trillados, incluso cuando eso significa asumir riesgos, no necesariamente peligrosos, sino más opciones o elecciones que le ayuden a mantener las cosas excitantes en su vida. Le gusta ampliar su mente, mantenerse al día de las últimas tendencias e ideas y probar cosas nuevas. Usted es una persona arriesgada, pero en el buen sentido. Nunca ha tenido miedo de hacer lo que le parece correcto o justo.

Capricornio: Este es un signo asociado con la ambición y el orgullo, la necesidad de conseguir logros, a veces a costa de los demás. Usted quiere lo mejor para sí mismo y para sus seres queridos. Usted prospera cuando tiene un reto con abundantes recursos materiales. Le gusta la estabilidad y el control, pero también disfruta reuniéndose con grandes grupos de personas, pero solo si es importante para usted. Sin embargo, esto puede parecer egoísmo o egocentrismo y puede causar conflictos en algunas situaciones. Le gusta la estructura y el orden en su vida, y puede ser muy persistente. También tiende a ser del lado conservador cuando se trata de relaciones. Cree que siempre deben ser planificadas y románticas, lo que le hace parecer frío o esnob.

Acuario: Su vida siempre ha girado en torno al cambio, la aventura, el misterio y las conexiones con el mundo que le rodea. Usted es un espíritu libre al que le encanta viajar, explorar y conocer gente nueva de diferentes orígenes. Sin embargo, esto también podría hacerle vulnerable a quedar atrapado en malas situaciones o en personas que no son buenas para usted. Le cuesta más comprometerse con la gente y dejar que entren de lleno en su vida, sobre todo si tiene la sensación de que no están a la altura de sus expectativas. A veces, puede ser inapropiado con las emociones de la gente y puede tener problemas para tomarse las cosas en serio. Necesita aprender que, para que una relación tenga éxito, debe basarse en el amor y el compromiso reales.

Piscis: Este es un signo muy sensible y creativo, lo que puede llevarle a ser temperamental, vacilante, imprevisible y a no estar siempre seguro de lo que quiere. Le gusta sentirse conectado a las fuerzas espirituales y cósmicas y a menudo se siente atraído por las artes. Piensa profundamente en la vida, la muerte, el amor y los detalles de sus propias relaciones personales. Su creatividad puede llevarle a tener dificultades para seguir los planes que ha hecho, y esto puede frustrarle. A la hora de la verdad, lo importante es sentir emociones y conectar con los demás a través de ellas. Usted puede ser intenso y reservado, por lo que debe aprender a conectar con los demás a través de la comunicación y la honestidad. Diga lo que piensa, sea fiel a sí mismo y deje que los demás hagan lo mismo.

Ángeles del zodíaco correspondientes

Malahidael del zodíaco Aries

Malahidael significa "El del coraje" y es el regente del signo Aries. Simboliza toda la energía y el poder y es una gran inspiración para la acción y la aventura. Es el ángel de la vida y la transmutación y se le conoce por ser fuerte pero amable y gentil con los demás. A Malahidael se le representa como un ángel guerrero y su color es el dorado o el naranja. Le acompaña de cerca Ariel, el ángel del instinto, un guardián menos conocido del zodíaco Aries.

Asmodel del zodíaco Tauro

Asmodel es el ángel de Tauro y ayuda en la enseñanza de la autoestima, el valor y el equilibrio. Se le conoce por ser un mentor sabio y poderoso que nos inspira a alcanzar niveles superiores de conciencia. Sus colores son el rojo o el naranja, que simbolizan la fuerza, la perseverancia, la longevidad y la vitalidad. Asmodel apoya la preservación de la Naturaleza a través de la sabiduría que proviene de las enseñanzas espirituales. Permanece conectado con la Madre Tierra y está estrechamente acompañado por Chamuel, el Ángel de la

Compasión. Juntos, proporcionan la fuerza y el valor necesarios para cumplir las búsquedas de los Tauro, que a veces pueden tener dificultades para encontrar su camino en este mundo.

Ambriel del zodíaco Géminis

Ambriel es el ángel de Géminis y ayuda en la enseñanza de la comunicación, la acción y las relaciones. También enseña lecciones espirituales para ayudarnos a desarrollar nuestra propia sabiduría interior. Su color es plateado o gris, y su energía puede describirse como fría pero emocional, misteriosa y encantadora. La claridad mental, la conciencia y una dosis de risa y alegría son vitales en sus enseñanzas. Le acompaña Kadiel, el Ángel de la Expresión, que trabaja estrechamente con él para proporcionar guía y protección a quienes la buscan. Su energía se combina para fomentar el entusiasmo, los pensamientos creativos, la inspiración y la comprensión de los Géminis.

Muriel del zodíaco Cáncer

Muriel es el ángel de Cáncer y ayuda en la enseñanza del valor, la intuición y la conciencia. Es conocida por ser valiente, protectora y apasionada en sus enseñanzas. Su color es verde o azul y simboliza un alto nivel de sabiduría. Ella enseña lecciones de vida que nos dan las herramientas necesarias para superar nuestros miedos y crear un sentimiento de seguridad y serenidad. Muriel también es conocida como el ángel del amor incondicional y como sanadora energética. Utiliza su energía para equilibrar los sentimientos emocionales e intuitivos de los Cáncer y manifestar resultados positivos en todos los ámbitos de su vida.

Verchiel del zodíaco Leo

Verchiel nos enseña la importancia del servicio, la unidad y la comunicación. También es conocido por ser brillante, ingenioso e inteligente, aunque a veces un poco excéntrico. Su energía puede describirse como juguetona y a la vez poderosa. Su color es plateado o rojo y simboliza el elemento fuego. Verchiel enseña el poder de la fe, la intuición y la autoestima a aquellos que le invocan a través de la oración. Le acompaña de cerca Raziel, el Ángel de los Misterios y los Secretos, que ayuda a revelar el crecimiento espiritual a quienes solicitan su ayuda. Juntos, trabajan para que todos los Leo alcancen el nivel más elevado de conciencia, manifestación y poder.

Hamaliel del zodíaco Virgo

Hamaliel enseña paciencia, salud y comprensión. También se le conoce como el ángel santo de las flores, las hierbas y la paz. Su color es verde o plateado, y se le puede describir como introspectivo y sabio. Nos enseña a vivir el presente en lugar de detenernos en el pasado o preocuparnos por el futuro. Le acompaña de cerca Anael, el ángel de la verdad y el conocimiento, que ayuda a iluminar el interior con comprensión. La combinación de sus energías ayuda al zodíaco Virgo a alcanzar el nivel espiritual más elevado de desarrollo, autoestima y comprensión.

Zuriel del zodíaco Libra

Zuriel nos enseña a vivir al servicio de los demás. También se le conoce como el ángel santo del equilibrio, la verdad y el conocimiento. Se le considera un maestro de la comprensión, la igualdad y la justicia. El azul claro o blanco (los colores de sus alas) representa la sabiduría y la verdad. Enseña lecciones que nos ayudan a sanar a través de la entrega, además de ayudarnos a recuperar nuestro estado natural de felicidad mediante la comunicación con los demás. Zuriel también enseña el concepto de intuición impartiendo lecciones que abren nuestras mentes y corazones para ver más allá de lo que conocemos. Simboliza tanto la emoción como el intelecto, cualidades encarnadas con precisión por los Libra.

Barchiel del zodíaco Escorpio

Barchiel es el ángel de Escorpio y enseña lecciones contra la lujuria, la posesión y los celos. Se interesa intensamente por la guerra, el poder y todas las cosas de la mente. Sin embargo, también enseña que debemos desarrollar una aceptación de nuestra propia capacidad para el dolor o el sufrimiento. Su color, negro o rojo oscuro, simboliza el poder y el conocimiento. Vive en la energía oscura o intensa y puede ser muy persuasivo en sus enseñanzas. Para los Escorpio, él trae la luz para iluminar los rincones más oscuros de su mente. Enseña a tomar conciencia de lo que es real y de lo que no lo es. Le acompaña de cerca Asmodel, que es el ángel de Tauro, que representa el elemento tierra y ayuda a equilibrar la energía de poder de Barchiel.

Adnachiel del zodíaco Sagitario

Adnachiel nos enseña la importancia del amor, la felicidad y el optimismo. También se le conoce como el ángel del poder y la independencia. Su energía se describe como alegre, juguetona y siempre en busca de diversión. Nos enseña a conectar con los demás más profundamente, ayudándoles a encontrar su poder interior y su naturaleza divina. También puede enseñarnos sobre la paciencia, la fe y la determinación necesarias para reconstruir nuestras vidas tras una experiencia dolorosa. Su energía es dorada o anaranjada y representa la energía solar y el elemento fuego. Adnachiel está estrechamente acompañado por Zadkiel, que enseña sobre la acción, la iniciación y la libertad. Juntos, pueden enseñar al Sagitario a dejar ir el pasado y a curarse de los traumas emocionales.

Hanael del zodíaco Capricornio

Hanael nos enseña la importancia del amor, la esperanza y la sabiduría. También se le conoce como el ángel santo de la aceptación y la entrega. Su energía se percibe como intensa, seria y sabia. Nos enseña a rendirnos a nuestros miedos y deseos, a cambiar lo que podemos aceptar y lo que no, y a tener fe en las lecciones de la vida. Hanael nos guía para que apliquemos nuestros dones únicos para ayudar a los demás en tiempos de necesidad, en lugar de permitir que nuestras necesidades personales se interpongan. Sus colores son el azul real o el púrpura. Se dice que quienes le invocan son bendecidos con ayuda divina que les conduce a la paz interior, la prosperidad y la felicidad. Enseña a los Capricornio a perdonarse a sí mismos en lugar de juzgarse.

Kambriel del zodíaco Acuario

Kambriel nos enseña a vivir en un estado de libertad y a rechazar todo lo que simbolice limitaciones. Se le conoce como el ángel que puede ayudarnos a encontrar nuestro verdadero propósito en la vida. También enseña sobre la paciencia, la adaptabilidad, la curación y la realidad más allá de lo que podemos ver con nuestros ojos terrenales. Su energía se percibe de color azul pálido. Junto con su compañero, Uriel, puede mostrar a los Acuario que su pasado no es una carga que deban llevar, sino más bien una parte importante de su viaje hacia la iluminación. También les enseña a vivir el momento en lugar de vivir preocupados por el futuro.

Amnitziel del zodíaco Piscis

Amnitziel nos enseña sobre las responsabilidades y el compromiso con los demás. También se le conoce como el ángel del romance, la pasión y las habilidades psíquicas. Su energía simboliza la positividad, la inspiración y el equilibrio. Quienes le invocan experimentan la felicidad y viven el momento presente. Amnitziel imbuye sabiduría, fuerza, compasión e integridad en sus enseñanzas. Su color es el azul o el morado, que representa el universo, los ángeles y la conciencia superior. Le acompaña de cerca Zaziel, el ángel de la guía y el conocimiento.

Juntos, enseñan a los Piscis que sus sueños pueden hacerse realidad y que el amor es algo más que un sentimiento.

Capítulo Cinco: La comunicación con su ángel de la guarda

¿Qué son los ángeles de la guarda? ¿Son seres espirituales o entidades físicas? ¿Tienen una descripción de trabajo o una responsabilidad determinada? ¿Qué puede hacer para atraer uno a su vida? Todas estas son preguntas que todo el mundo se ha hecho en algún momento de su vida. El concepto de ángel de la guarda se dio a conocer al público por primera vez en el siglo XIX por un poeta francés llamado Ernest Psichari. Desde entonces, el interés por los ángeles de la guarda ha crecido y ha suscitado debates en todo el mundo sobre lo que son, lo que hacen y cómo la gente puede conectar con ellos.

Para entender a los ángeles de la guarda, primero hay que observar el contraste entre las religiones o sistemas de creencias que creen en ellos y los que no. Algunas religiones no creen en absoluto en los ángeles de la guarda, mientras que otras utilizan este concepto como uno de sus principios centrales. En cualquier caso, las diferentes perspectivas sobre los ángeles de la guarda son intrigantes.

El ángel de la guarda es visto como una entidad espiritual que mantiene el orden divino de las cosas cuidando de aquellos que le han sido confiados. El ángel de la guarda cuida de las personas mientras están vivas y, según el sistema de creencias, después de la muerte. Algunos ángeles de la guarda también son vistos como un conjunto especial de ayudantes que han sido elegidos y asignados para cuidar de las personas siempre que se les necesite. En este caso, el ángel elegido es tratado como un guardián personal que, cuando se le llama, no se limita a hacer lo que se le pide, sino que cuida de la persona a pesar de todo.

Se cree que los ángeles de la guarda fueron creados por Dios antes de la creación de los humanos, y se cree que existe al menos un ángel de la guarda para cada persona. También se cree que cada ángel de la guarda tiene diferentes funciones. Por ejemplo, a algunos se les asignan funciones de sanadores, otros son protectores y algunos sirven como mensajeros entre los humanos y Dios.

Aunque muchas religiones han utilizado a los ángeles de la guarda para explicar fenómenos inexplicables o para responder a una petición de oración, solo los cristianos creen significativamente en los ángeles de la guarda. Para los cristianos, el arcángel Gabriel es conocido como protector y guía, mientras que Miguel es conocido como defensor contra las fuerzas del mal y abogado contra la tentación. Se dice que el ángel de la guarda es el Espíritu Santo o el emisario de Dios que trabaja al lado de la persona que le ha sido asignada. Se dice que el ángel no solo ayuda en momentos de necesidad, sino que también envía mensajes de Dios, cumple las oraciones y se muestra a la gente en tiempos difíciles. Sin embargo, para los cristianos, los ángeles de la guarda también se asignan en el momento del nacimiento y pueden cambiar a medida que cambia el papel de la persona en la vida.

El concepto de ángel de la guarda se menciona en varios textos religiosos. Por ejemplo, se encuentra en la Biblia y en antiguos textos griegos, hindúes, persas y asirios. Estos textos hablan de ángeles que trabajan para guiar a los seres humanos en sus vidas y que, cuando necesitan ayuda, lo hacen de forma muy pasiva. En otras palabras, el espíritu guardián solo está ahí para ayudar si alguien necesita su ayuda. Nunca son intrusivos y no intervienen a menos que sea necesario.

Según los textos hindúes, los ángeles de la guarda están asociados con los dioses y son vistos como manifestaciones de poderes divinos. Se cree que son fuerzas personificadas de la naturaleza y elementos que mantienen todas las cosas en orden, y que desempeñan sus funciones en armonía con las leyes de la naturaleza. Se dice que reciben órdenes de los dioses, pero se cree que tienen libre albedrío y deciden cómo llevar a cabo sus mandatos.

Como ya se ha mencionado, no todas las religiones creen en el concepto de ángeles de la guarda. Esto se aplica a las religiones no teístas, como la 44icca, el panteísmo y las que creen en las reencarnaciones. En su lugar, creen en los espíritus guía, un concepto que está estrechamente relacionado con los ángeles de la guarda. Al igual que con los ángeles de la guarda, los guías espirituales están diseñados para estar ahí para la humanidad y también hacen todo lo posible para ayudar a la gente a tener éxito en su viaje hacia una mayor comprensión espiritual o iluminación.

Los ángeles de la guarda en el esoterismo

En los círculos esotéricos, un ángel de la guarda es cualquier entidad no física que protege a una persona de cualquier daño o de pensamientos o emociones negativas. Lo que hace única a esta forma de ángel de la guarda es su capacidad para traer pensamientos e ideas positivas a su vida cambiando su percepción de las cosas que le rodean. Por ejemplo, un ángel de la guarda puede servir para cambiar sus pensamientos sobre una discusión con alguien o sus temores ante una situación determinada. También resultan útiles cuando le ocurre algo malo, como cuando está en peligro o necesita curación. En estas situaciones, se cree que el ángel de la guarda intercede y saca la mejor versión de usted para que no tenga que temer lo que le está sucediendo. En estos casos, el ser no físico es responsable de las circunstancias en las que suceden estas cosas para que sean beneficiosas para el ser humano implicado.

Existen diferentes niveles de ángeles de la guarda según los sistemas de creencias esotéricas. Por ejemplo, en algunas comprensiones, los ángeles de la guarda más evolucionados que ya han sido enviados a la Tierra solo le vigilan a usted, y usted puede pedirles ayuda en cualquier momento. En otros sistemas de creencias, este es el primer nivel de la existencia de un ángel de la guarda, y cuando se considera que estos espíritus son mayores y más sabios, pueden escuchar sus pensamientos y sentimientos y utilizarlos como guía a la hora de ayudarle en la vida. A medida que crecen en su experiencia con usted, pueden tomar decisiones más proactivas basadas en lo que usted necesita en ese momento. También puede recurrir a estos espíritus para que le aconsejen sobre las decisiones que debe tomar y cómo puede encontrar las mejores opciones alternativas para esas decisiones. Algunos grupos esotéricos también creen que a todo el mundo se le asigna un ángel de la guarda desde el nacimiento. En este caso, se considera que el ángel de la guarda tiene la responsabilidad de guiar a su "protegido" a lo largo de su vida para que alcance todo su potencial. Se cree que estas entidades se asignan a cada persona en función de sus objetivos vitales y del motivo de su encarnación en este mundo. La guía puede presentarse de diversas formas, desde sueños a pensamientos o incluso diferentes sensaciones intuitivas que pueden parecer inusuales al principio, pero todas ellas pueden ayudarle a comprender cosas sobre usted mismo y el mundo que le rodea.

Cómo entrar en contacto con su ángel de la guarda

Para iniciar una relación con un ángel de la guarda, se sugiere comenzar con las técnicas más básicas de meditación. Esto puede hacerse diariamente por la mañana o por la noche. Una vez que medite, entrar en contacto con su ángel de la guarda o guía espiritual puede resultar más fácil. Hay diferentes formas de abordar esta relación. Puede empezar como una simple amistad o asociación que implique hablar con la entidad no física y luego pasar a una fase más activa en la que la entidad le ayude voluntariamente en algún nivel.

En el caso de los ángeles de la guarda, se cree que ya le han elegido y que ya velan por usted. Sin embargo, es posible que necesiten su ayuda para comprender qué pueden hacer para ayudarle. Si esto es cierto, lo único que hay que hacer es abrir la mente y mostrarse receptivo a dicha ayuda. Meditar también le permitirá alcanzar un estado alterado de conciencia que permitirá a su ángel de la guarda comunicarse con usted de un modo que funcione para ambos. A menudo se trata simplemente de una conversación entre ambos en la que una o ambas partes desean ciertas cosas la una de la otra. La clave, sin embargo, es creer que será escuchado y comprendido.

Supongamos que necesita curación o ayuda con una situación determinada. En ese caso, puede pedir ayuda a su ángel de la guarda, aunque puede que tarde más en obtener una respuesta por su parte. Este tipo de comunicación es más unilateral en el sentido de que implica que alguien pide asistencia o ayuda con algo, y entonces el ser responderá según sea necesario. Puede ser tan simple como la sensación de que algo ha cambiado en su vida desde que pidió ayuda.

También se cree que nuestros ángeles de la guarda están siempre a nuestro alrededor y utilizan constantemente su energía para protegernos de cualquier daño. En este caso, se considera importante que confiemos en nuestros ángeles y les hagamos saber que somos conscientes de su presencia y apreciamos su ayuda. Si tiene un mal día o ha sufrido recientemente un accidente, puede pedir ayuda a un ángel de la guarda en ese momento. Una forma de abrir la comunicación es diciendo las palabras "Necesito su ayuda" o "Quiero su ayuda". Esto permitirá entonces a la entidad trabajar para ayudarle, lo que puede ser mediante el envío de algún mensaje a través de la intuición o simplemente ayudándole a sentirse mejor.

El poder de la meditación

La meditación facilita la conexión con sus ángeles de la guarda
https://unsplash.com/photos/rOn57CBgyMo?utm_source=unsplash&utm_medium=referral&utm_content=creditShareLink

La meditación es una técnica que consiste en despejar su mente de pensamientos y permitir que aflore la intuición. Si no está familiarizado con esta técnica, se trata simplemente del acto de sentarse en silencio y concentrarse en nada más que en su respiración hasta que note que algo nuevo entra en su conciencia. En este punto, no intente controlar ni dirigir los pensamientos que llegan a su conciencia. En su lugar, simplemente obsérvelos flotar como nubes en el cielo. Se cree que puede utilizar esta técnica para desarrollar un canal de comunicación con cualquier persona, incluido su ángel de la guarda. Se trata simplemente de un método de relajación y meditación que le permitirá sentirse uno con el universo en un sentido muy literal. Al utilizar este método de comunicación, no es necesario intercambiar palabras o pensamientos entre las dos partes. En su lugar, los "sentimientos" fluirán hacia y desde su conciencia, permitiéndole comprender lo que el otro ser in"enta transmi"irle.

Se cree que"cuando se en"uentra en estado de meditación, es más receptivo a los mensajes de su ángel de la guarda. Por lo tanto, su ángel de la guarda puede comunicarse con usted a través de la meditación y otras técnicas intuitivas. También se cree que durante la meditación es posible que se perciban cosas de naturaleza espiritual, aunque estos espíritus no siempre son voces o pensamientos que puedan comprenderse fácilmente. Sin embargo, una experiencia común que se puede tener mientras se medita es cuando el cuerpo, la mente o el alma se sienten más ligeros o diferentes mientras dura la práctica. También puede incluir la meditación guiada en su práctica. Aquí es donde usted sigue una serie de instrucciones de una grabación o de otra persona. Le permite relajar la mente y centrarse en la respiración, lo que desconectará sus pensamientos conscientes de su interior.

Cómo meditar

Si está interesado en meditar, puede ser tan sencillo como seguir estos sencillos pasos:

1. Encuentre un lugar tranquilo donde probablemente no haya interrupciones.
2. Póngase ropa y calzado cómodos.
3. Encienda una vela para ponerse de humor para la meditación. También puede utilizar música o rodearse de colores suaves y aromas suaves como la lavanda, la salvia o los pétalos de rosa.
4. Siéntese con las palmas de las manos hacia arriba sobre el regazo.
5. Cierre los ojos y respire profundamente en la zona del diafragma. La respiración diafragmática le permitirá centrarse en el momento y no en cualquier otro pensamiento que flote. Su respiración debe ser lenta y controlada. Inhale por la nariz mientras cuenta hasta dos, mantenga esta respiración durante dos segundos más y luego exhale lentamente por la boca.
6. Continúe respirando de este modo hasta que se sienta cómodo con el proceso.
7. No luche con ningún pensamiento o imagen que pueda estar flotando a su alrededor. Si aparecen en su conciencia, simplemente déjelos pasar y continúe con su respiración.

8. Una vez que se sienta cómodo, invite a su ángel de la guarda a la habitación.
9. Pida cualquier mensaje o guía de su ángel.
10. Observe qué imágenes o pensamientos acuden a su conciencia. Esto puede llevar tiempo, y no hay prisa para que las cosas sucedan.
11. Cuando haya terminado, imagine que la luz que proviene de su ángel de la guarda se extiende sobre usted hasta que se desvanece y le deja sintiéndose centrado y relajado.

Debe mantener abierto el vínculo entre su mente consciente y su subconsciente. Esto se conoce como "flujo de pensamiento" y permite que su mente consciente envíe mensajes y pensamientos a través de ella a su mente subconsciente. Si llega demasiada información de un canal y no la suficiente del otro, puede producirse confusión o incluso ansiedad. Sin embargo, cuando las cosas fluyen sin problemas entre ambos canales, le permitirá ponerse en contacto con su intuición y su yo interior de una forma muy literal.

Otras formas de contactar con su ángel de la guarda

La meditación es una forma estupenda de comunicarse con su ángel de la guarda, pero no es la única técnica que existe. Existen otras formas en las que puede enviar mensajes a su ángel de la guarda, y aquí le presentamos algunas:

1. **Rezar:** Rezar a su ángel de la guarda puede ser extremadamente beneficioso y se considera útil hacer una petición específica en lugar de simplemente pedir ayuda o guía sin dar ninguna información. En este caso, puede poner su petición en palabras o escribir una oración que incluya lo que desea y el agradecimiento por cualquier ayuda que ya haya recibido.
2. **Escribir:** Cuando necesite la ayuda de su ángel de la guarda, puede escribir sus pensamientos y preocupaciones. Una vez que haya terminado de escribir, guarde el trozo de papel en un lugar seguro. De esta forma, no requerirá ninguna acción por su parte para mantener sus pensamientos sin olvidarlos. También puede escribir qué es aquello para lo que necesita ayuda o pedir que le guíen o le ayuden a comprender el asunto que tiene entre

manos. En los días siguientes, esté atento a cualquier mensaje o señal que le parezca inusual o fuera de lo normal. Pueden proceder de su ángel de la guarda o de otras entidades que le ayuden.

3. **Visualización:** La visualización es el acto de imaginarse algo que desea que suceda o algo que necesita. Aquí puede visualizar lo que desea que suceda y proyectar esta intención hacia el universo. Una vez que tenga una imagen clara de lo que necesita, se cree que esta imagen provocará que su ángel de la guarda acuda en su ayuda. La imagen aparecerá entonces en sueños y otras formas de comunicación de su ángel de la guarda.

4. **Peregrinación:** Una peregrinación es más difícil de emprender que las otras técnicas, pero se cree que caminando por un sendero que tenga un significado especial para usted, podrá comunicarse con su ángel de la guarda. También puede hacerlo paseando por lugares que sean significativos para usted o para su experiencia espiritual. Al igual que con los otros métodos, no intente dirigir o controlar sus pensamientos. Simplemente déjelos ir hacia donde puedan encontrar las respuestas que busca.

5. **Telepatía:** Su comunicación hablada con un ángel de la guarda puede adoptar la forma de comunicación "telepática". Aquí es donde difiere de otras formas alternativas de comunicación que son comunes y aceptadas dentro de los sistemas de creencias dominantes. Aquí, se intercambian palabras reales entre las dos partes, pero nadie puede oír esas palabras ni entender lo que se dice. Puede ser tan sencillo como que una de las partes se limite a enviar mensajes e imágenes a la otra sin que nadie más lo sepa o participe en el proceso de comunicación.

Mantener la conexión angélica

Una vez que haya interactuado con su ángel de la guarda, debe estar abierto a una relación continuada con él. De este modo, aunque no piense activamente en ellos o en su existencia, estar en contacto con su ángel de la guarda puede seguir beneficiando su vida. He aquí cómo podría mantener una conexión:

- **Disfrute de los buenos sentimientos:** Puede reforzar positivamente los sentimientos positivos que se derivan de la conexión con su ángel de la guarda. Cuando se encuentre experimentando estos buenos sentimientos, la gratitud por estas emociones debería fluir fácilmente en su vida.

- **Esté atento a las señales:** Si ha contactado con su ángel de la guarda y ha estado recibiendo ayuda, es importante que conozca las señales que pueden enviarle. Aunque puede llevarle un tiempo acostumbrarse a confiar en que su ángel de la guarda le está ayudando, es importante que empiece a buscar señales de su existencia. Si puede empezar a reconocer estas señales, también podrá empezar a recompensarse con pensamientos amables y palabras gentiles.

- **Registre las experiencias:** Si está teniendo mucha interacción con su ángel de la guarda, puede ser útil tomar notas sobre lo que está experimentando. Esto le ayudará a comprender mejor lo útil que es su ángel de la guarda, la frecuencia con la que se comunica con él y el tipo de cosas en las que le ayuda. También le permitirá reconocer mejor sus señales y comprender su existencia en su vida.

La importancia de la gratitud

Es muy importante mostrar gratitud al ángel de la guarda que le ha estado ayudando a lo largo de su viaje. Aunque haya soportado circunstancias negativas o desafortunadas, es muy importante recordar que fue guiado a estas situaciones. Convierta sus decepciones en lecciones y celebre los momentos en los que las cosas salen bien. Mostrar gratitud por todo lo que le sucede permite a su ángel de la guarda sentirse apreciado y seguir ayudándole cuando lo necesite. Una forma de mostrar gratitud es reconociendo la presencia de su ángel de la guarda y agradeciéndole el papel que desempeña en su vida.

También puede mostrar su gratitud bendiciendo a otras personas que estén atravesando circunstancias difíciles. Si alguien lo está pasando mal, puede ofrecerle palabras de ánimo y demostrarle que le apoya. Incluso puede bendecir a otros rezando por ellos o enviándoles energía positiva. También puede mostrar gratitud dando las gracias por los dones que tiene en su vida. Puede tratarse del don de la familia y los amigos, la salud y el cobijo, la comida, el agua y todo lo demás que tenga y por lo que se sienta agradecido.

Capítulo Seis: Conectando con los seres angélicos

En el capítulo cinco, hablamos de los ángeles de la guarda, de lo que son y de lo que hacen por nosotros. En este capítulo, exploraremos las formas de contactar con cualquier ser angélico. Tenga en cuenta que no todos los seres tienen las mismas capacidades y que los mensajes pueden transmitirse de varias maneras. Estos seres se encuentran generalmente en el reino angélico, un lugar expansivo, por lo que prepararse antes de aventurarse allí no es una mala idea. Cuando trabaje con un ángel, es importante que comprenda que pueden aparecerse de la forma que les resulte más cómoda.

Puede ser útil tener una pregunta o petición en mente cuando salga a buscar ángeles. También es importante recordar que no todos los seres pueden interactuar con los humanos, y entre los que pueden, no todos lo harán. También debe estar abierto a la posibilidad de ver cosas o vivir experiencias que pueden no tener sentido o no parecer lógicas. Los ángeles pueden ser bastante juguetones, por lo que es una buena idea mantener la mente abierta y saber que se encuentra en un viaje de descubrimiento.

Para comenzar su búsqueda, elija un lugar en el que se sienta cómodo y familiar. Recuerde que toda la información es energía, así que para obtener los mejores resultados, trabaje en un espacio que esté limpio y despejado. La zona también debe tener una buena iluminación y estar bien ventilada. Le recomiendo que cuando hable con un ángel, esté sentado cómodamente y relajado. Tener un diario y un bolígrafo a su lado para tomar notas es útil. También querrá asegurarse de estar físicamente cómodo, así que póngase algo holgado y suave como el algodón.

Lo mejor es empezar con una oración o meditación que le ayude a centrar su energía. Estar centrado le ayudará a permanecer abierto y concentrado. Una vez que entre en este espacio, es importante que recuerde que aquí no hay errores; no importa si no "siente" nada la primera vez. Recuerde que se trata de un proceso de descubrimiento, no solo para usted, sino también para los seres angélicos.

La importancia de la protección espiritual

Antes de iniciar su búsqueda, es importante que tenga en cuenta su protección espiritual. Todos venimos a este mundo con un nivel predeterminado de protección, dependiendo de nuestro karma. Las tres capas básicas de protección son

- Nuestro cuerpo físico
- El campo de energía (o aura) que rodea nuestro cuerpo
- Los chakras o centros energéticos de nuestro cuerpo

El cuerpo físico proporciona normalmente la primera capa de protección desde el nacimiento hasta la muerte. Sin embargo, podemos influir en ella mediante malas elecciones de estilo de vida como comer mal, no hidratarse lo suficiente, no descansar lo suficiente, etc. Por eso debemos cuidarnos al máximo físicamente, para mantenernos en el mejor estado de salud posible. La segunda capa de protección proviene de nuestras auras, que ayudan a mantener alejada cualquier energía negativa. Si el aura está despejada dentro o alrededor del cuerpo, nos resultará más fácil limpiar y sanar, ya que no hay nada que bloquee nuestra energía. Una de las mejores formas de limpiar las auras es a través del Reiki, que puede hacerse rápida y fácilmente. Otra cosa que hay que recordar sobre las auras es que cambian a diario y se necesita tiempo para que se recuperen.

La tercera capa de protección proviene de los chakras, que son como baterías psíquicas que ayudan a mantener nuestra energía fluyendo libremente. Cuando tenemos la energía bloqueada, los chakras son como pilas inútiles. Para volver a utilizarlas, hay que cargarlas. La mejor forma de hacerlo es mediante la meditación y otras formas de trabajo energético. Cuando se limpian las auras, lo mejor es limpiar cada chakra por turnos, empezando por el chakra base (raíz) en la parte inferior de la columna vertebral. Esto le ayudará a restablecer la energía bloqueada y le dará un impulso de energía. Durante las sesiones de limpieza, también es importante recordar dejarse llevar y ser suave, ya que incluso las mejores intenciones pueden causar daño si se hacen de forma inadecuada.

Antes de aventurarse en el reino espiritual en busca de ángeles o por cualquier motivo, su protección debe ser la prioridad número uno. Esto es especialmente cierto cuando busca conectar con seres angélicos. La razón es sencilla, los ángeles pueden ver el aura completa de una persona y pueden leer la historia de su vida como si fuera un libro. Cuanto más puedan ver, más sabrán de usted. Esto puede ser bueno o malo dependiendo de con quién hable y de si les gusta lo que ven. También será vulnerable a cualquier negatividad que quiera penetrar en su campo áurico.

Se pueden utilizar muchas técnicas para proporcionar un escudo de protección, y estas técnicas existen desde hace miles de años. Diferentes técnicas funcionan para diferentes personas, así que siga probando hasta que encuentre una que funcione. Entre las técnicas de protección más populares se encuentran

1. **Realizar un baño ritual:** Esta es una gran forma de purificar tanto el aura como el cuerpo físico. También es una forma de atraer energía buena y amorosa. Le recomiendo que realice uno de estos baños al menos una vez al mes o más a menudo si siente la necesidad. Aproveche el tiempo para meditar mientras está en el agua y rece una oración antes de entrar y salir del baño. Necesitará un cuenco o recipiente grande con agua, un poco de aceite sagrado y una vela para empezar. Comience encendiendo la vela y tómese su tiempo para preparar el baño y encender un poco de incienso. Cuando el agua esté lista, entre lentamente en la bañera sin salpicar. Empiece a relajarse y deje que el agua fluya sobre usted. Mantenga los ojos cerrados mientras desciende en el agua. Deje que fluya tanta energía como sea posible y no tema dejarse llevar completamente si le parece adecuado. Cuando esté listo para salir, aléjese lentamente del agua y suba a la toalla o esterilla. Una vez que haya terminado su baño, es aconsejable evitar el contacto con otras personas hasta después de comunicarse con los ángeles porque su energía puede interferir

con su limpieza.

2. **Creación de un campo de energía:** Este escudo protector puede crearse realizando una meditación en la que atraiga energía positiva y negativa y cree su propio escudo personal a su alrededor. Si se siente desorientado o desequilibrado, esta es también una buena forma de atenuar su aura para que no sea tan fuerte y dominante. Para los encuentros angélicos, es mejor tener este escudo de protección a su alrededor en todo momento en lugar de crearlo solo cuando lo necesite.

3. **Utilizar cristales:** Los cristales son herramientas maravillosas para usar como protección. Pueden ayudar a mantener un flujo de energía y bloquear las energías no deseadas para que no entren en su campo energético. Además, también pueden evitar que diferentes energías espirituales interfieran entre sí. Algunos de los cristales más utilizados para la protección son el ónice, la obsidiana negra, el cuarzo transparente, la pirita, la turmalina negra y la amatista.

4. **Visualización:** La visualización es una gran forma de mejorar su protección espiritual. Visualizar un campo de energía a su alrededor puede ayudarle a mantener una barrera de protección que evitará que las energías negativas entren en su campo del aura.

5. **Limpie su espacio:** Limpiar su casa y eliminar el desorden de su vida es una forma de crear más espacio para la energía positiva en su vida. Cuanto menos desorden tenga en su casa, más energía tendrá para usted. Puede que haya llegado el momento de limpiar algunos de esos armarios abarrotados y eliminar las cosas que ya no necesita o quiere. Esta es una forma estupenda de aumentar la claridad de su aura. También puede aromatizar su espacio con hierbas como la salvia, el incienso o el palo santo.

Esta no es una lista completa de todas las formas de aumentar su protección espiritual. Es importante que siga probando diferentes técnicas hasta que encuentre una que funcione para usted. A medida que envejecemos y nuestra visión del mundo cambia, es posible que también tengamos que ajustar lo que utilizamos para protegernos. Encontrar lo que funciona para usted es un proceso de ensayo y error, pero esto también podría ayudarle a descubrir nuevas técnicas que funcionen mejor.

En última instancia, no se trata solo de qué técnicas utilizamos, sino de cómo las utilizamos. Tener la intención correcta detrás de nuestras acciones es tan importante como la forma en que actuamos. Cuanto más en paz estemos con nosotros mismos internamente, más posibilidades tendremos de conectar con los ángeles. El trabajo de un ángel es ayudarnos a mantener un estado de equilibrio mental, emocional y espiritual, así que cuanto más mantengamos nuestras intenciones puras y en armonía con el universo, más fácil les resultará llegar. Además de esto, también deberíamos trabajar en construir más energía positiva en nuestras vidas haciendo cosas que sean buenas para nosotros. Esto ayudará a aumentar la energía positiva que nos rodea y, en consecuencia, atraerá a los ángeles que quieren ayudarnos a mantener este equilibrio. Ahora que hemos cubierto la protección y preparado el escenario, pongámonos manos a la obra considerando algunas formas de establecer contacto con los ángeles.

Establecer una línea de comunicación

La idea de comunicarse con un ser angélico es bastante místico, sobre todo si usted no es creyente en los seres espirituales. Esto es perfectamente comprensible porque, por mucho que comprendamos el universo, aun queda mucho por aprender y explorar. Sin embargo, se pueden tomar algunas medidas muy sencillas para aumentar sus posibilidades de tener una experiencia positiva mientras busca ángeles.

En primer lugar, es importante mantener la mente abierta, porque si no lo hace, solo estará abocándose al fracaso. Después de todo, a la mayoría de nosotros se nos ha enseñado a descartar las cosas que no entendemos, lo que puede conducir a un pensamiento muy cerrado. Tener una mente abierta implica estar dispuesto a considerar todas las posibilidades, no solo aquellas con las que nos sentimos cómodos. Con una mente abierta, es más probable que vea la verdad y no tenga miedo de ella. Cuando se tiene una mente abierta, la comunicación angélica es mucho más probable porque solo después de estar seguros de que algo es posible podemos invocar a los ángeles. Dejar ir la ansiedad y estar dispuesto a explorar cosas nuevas es una gran forma de aumentar sus posibilidades de conectar con seres de otros mundos.

Otra cosa que puede hacer para aumentar sus posibilidades de establecer contacto con los ángeles es pasar tiempo en la naturaleza. Le recomendaría pasar tiempo al aire libre en la naturaleza y dar paseos frecuentes. Esto le ayudará a relajarse y a despejar la mente para que pueda escuchar lo que le dice el universo. La naturaleza es un lugar donde podemos sentir la presencia de Dios, y esta conexión es algo que hay que valorar. A algunas personas les resulta más fácil conectar con los ángeles cuando se dan largos baños calientes o pasan tiempo meditando a solas en su casa, pero puede que usted también quiera darle una oportunidad a la naturaleza.

Por último, deshágase de todas las distracciones porque esto ayudará a crear una atmósfera propicia para alcanzar y establecer contacto con un ser espiritual. Si desea establecer un contacto angélico, debe estar completamente concentrado en la tarea. Puede ser casi imposible lograrlo si está rodeado de mucho ruido y caos en su vida. Cuanto menos desorden haya en su mente, más posibilidades tendrá de abrirse plenamente a lo que el universo intenta decirle.

Una de las cosas más importantes que puede hacer para aumentar sus posibilidades de conectar con los ángeles es ser feliz. Tampoco se trata de una afirmación ociosa, ya que es fácil suponer que podremos atraer rápidamente espíritus felices a nuestra vida si solo estamos bendecidos con la felicidad misma. La realidad es que se necesita un gran esfuerzo para mantener la felicidad en su vida. No es algo que llegue fácilmente, sino que implica trabajar para hacerse más feliz. Puede trabajar para conseguirlo de muchas maneras, y la más importante es fijándose intenciones. Puede fijarse la intención de ser feliz, estar sano, en paz o lo que quiera crear en su vida.

Puede que crea que debe esforzarse mucho para encontrar sus ángeles. Sin embargo, es importante darse cuenta de que alcanzar la felicidad solo requiere un poco de intención y trabajo duro cada día. No tiene que pasarse el resto de su vida trabajando en sí mismo porque una vez que lo haya conseguido, el bienestar se convertirá en una parte permanente de su vida. No es algo con lo que tenga que luchar y tampoco es algo que vaya a desaparecer. Del mismo modo que un maestro cocinero puede preparar una comida deliciosa en cuestión de minutos, dedicar solo unos minutos al día a centrarse en hacerse feliz es suficiente para mejorar su salud y su bienestar.

Antes he mencionado que hay muchas formas de entrar en contacto con los ángeles, pero nos centraremos en dos casos concretos, meditar sobre el reino angélico y obtener una lectura angélica. Ambos son métodos para llegar a los ángeles y hacer que estén más disponibles para usted.

¿Cómo puede comunicarse?

Meditación: Existen muchas formas de meditación, siendo la más popular la Meditación Trascendental. La MT es una técnica que consiste en sentarse relajadamente con los ojos cerrados y concentrarse en respirar desde el vientre. Su atención se centra en un objeto y el procesamiento de sus pensamientos debe mantenerse al mínimo en todo momento. Cuando medite, es de vital importancia que no intente controlar el contenido de sus pensamientos porque, si lo hace, se estará centrando en usted mismo y no en la entidad con la que está conectando.

Una de las cosas que puede hacer para encontrar más información sobre la meditación es leer lo que otras personas han opinado sobre ella. Es una forma estupenda de obtener consejos sobre las técnicas de meditación que mejor funcionan para usted, y también es una forma de aumentar su propia comprensión de las técnicas. Se ha demostrado una y otra vez que la meditación proporciona beneficios de todo tipo, como una mejor gestión del estrés, una mejora general de la vida e incluso una mejor salud.

Lectura con péndulo: Se trata de una forma de lectura angélica. Existen muchos tipos diferentes de péndulos con distintos estilos y propósitos. Los péndulos pueden utilizarse de muchas maneras, desde la simple magia con péndulos hasta rituales muy complejos que incluyen hechizos y rituales. El propósito de utilizar un péndulo es transmitir información que normalmente no podría obtener solo mediante la observación de primera mano. Usted formula la pregunta y entonces el péndulo entra en acción, indicando la respuesta. Es una forma estupenda de descubrir quiénes son sus guías y cómo quieren que avance.

Los péndulos pueden utilizarse para averiguar si alguien le impide avanzar en la vida o si solo se trata de una cuestión de dirección. Los péndulos pueden utilizarse incluso para intentar adivinar el tipo de trabajo que está destinado a realizar en la vida. Si un péndulo le da un número, depende de usted decidir cómo se relaciona este número con la realidad.

Si no está familiarizado con los péndulos, intente encontrar uno que le parezca adecuado. Un péndulo puede ser cualquier objeto que esté sujeto a un hilo o cuerda, como un anillo, un cristal o una madera. Elija un objeto que tenga un significado especial para usted y que contenga algo de su propia energía. Sosténgalo en sus manos y permítase sintonizar con su energía. Cuando esté preparada, siéntese en silencio, cierre los ojos y extienda todos sus sentidos en busca de las vibraciones del reino angélico. Concéntrese en cada sensación y sentimiento que experimente como si fuera algo de gran importancia. Después de 5 a 10 minutos, saque el péndulo, y estará listo para empezar a obtener respuestas a las preguntas que tiene en su mente.

Si es usted principiante en esto, es mejor que mantenga las cosas sencillas y conecte con una o dos energías en lugar de conectar con todos los ángeles que puedan estar cerca. Si intenta hacerlo todo a la vez sin orientación, no le funcionará nada bien. La interpretación de los movimientos del péndulo debe acordarse antes de iniciar cualquier comunicación. Por ejemplo, puede decirle al péndulo que oscile hacia delante para el SÍ y hacia atrás para el NO, o viceversa, es decir, hacia atrás para el SÍ y hacia delante para el NO. Ahora, espere a que el péndulo responda de acuerdo con su petición, y si el péndulo oscila hacia adelante y hacia atrás entre cada petición, va por buen camino. Si no es así, espere unos minutos y vuelva a intentarlo.

Una vez que haya acordado cómo interpretar los movimientos de su péndulo, empiece a hacer preguntas. Al principio puede hacer preguntas básicas de sí o no, como "¿Hay alguien aquí conmigo?", "¿Estoy haciendo esto bien?" o "¿Es este el momento adecuado para hacer estas preguntas?". Si no recibe ninguna respuesta, deje de utilizar el péndulo y vuelva a intentarlo más tarde. Con la práctica, podrá pasar a preguntas más complicadas.

Cartas del tarot: El tarot es una antigua herramienta de adivinación y adivinación utilizada por muchas personas en todo el mundo. Puede llegar eficazmente a sus ángeles y recibir respuestas a las preguntas que pueda tener. A algunas personas les resulta más fácil conectar con sus ángeles a través de las cartas del tarot porque las imágenes son tan claras y accesibles de un modo que muchas otras formas de meditación no lo son. La conexión que establece con la carta se convierte en un punto focal que le ayuda a empezar a recibir información de los ángeles.

Las cartas del tarot pueden ayudarle a llegar eficazmente a sus ángeles
https://unsplash.com/photos/eUX74J_IpXw?utm_source=unsplash&utm_medium=referral&utm_content=creditShareLink

Cuando utilice las cartas del tarot, practique estar presente. Preste atención a todo lo que experimenta mientras intenta interpretar las imágenes que ve en la carta a través de sus sentidos. Si una carta muestra a una persona, pregúntese quién aparece en la imagen, qué edad parece tener y cuál es su papel en su vida. Si hay símbolos como estrellas o máscaras, empiece a centrarse en sus significados. Si la imagen muestra un árbol, pregúntese qué tipo de árbol es y qué simboliza para usted. Cuando esté preparado, pida a sus compañeros angélicos que le den respuestas a las preguntas que tenga sobre las cartas que ha visto.

Cristales y piedras preciosas: La lectura con cristales es una forma de comunicación angélica que utiliza cristales y piedras preciosas. Las lecturas con cristales son una forma excelente de conectar con sus ángeles porque son versátiles, iluminadoras y hermosas. Ayudan a sus ángeles a poder hablar directamente a su mente, y usted descubre que sus respuestas llegan en ráfagas de información en un instante. Si no ha utilizado piedras o cristales antes, debe empezar por conectar con el cristal que ha seleccionado antes de intentar ir más allá.

Una vez que haya encontrado un cristal que le funcione, es el momento de trabajar la técnica. Debe cerrar los ojos e imaginar en su mente una figura que represente al ángel con el que intenta comunicarse. A continuación, siéntese en silencio y pida al espíritu de su cristal que se comunique con el ángel que le ha pedido que intente alcanzar. Si puede, tenga su piedra a mano o cerca para tenerla al alcance de la mano. Las respuestas llegarán de cualquier forma que sea relevante para la persona que hace las preguntas. Para algunas personas, esto puede ser a través de palabras o frases, pero para otras, puede llegar a través de un sentimiento o sensación. A veces las respuestas pueden no estar en palabras o sentimientos, sino en una imagen o un recuerdo. Las respuestas también pueden llegar en forma de signos o símbolos que tienen un significado especial para la persona que las pide.

La mejor manera de aprender sobre los cristales y las piedras preciosas es averiguar qué tipo de experiencias tiene cuando está con ellos. Si, después de unas semanas de intentarlo, descubre más cosas sobre sí mismo a través de las piedras, es una buena señal de que va por buen camino con su comunicación.

Invocar a un ángel

La invocación es otra forma de comunicación angélica que consiste en invocar a un ángel para que le ayude a superar sus problemas. La invocación puede ser un medio poderoso para provocar cambios en su vida. Sin embargo, tiene algunas reglas, rituales y directrices que debe seguir si quiere asegurarse de que su mensaje es recibido por los ángeles y no por algún otro espíritu o entidad.

Primer paso: Empiece por crear un espacio ritual en el que pueda realizar esta invocación de forma segura y eficaz. Puede hacerlo apagando todas las luces y encendiendo algunas velas, creando una sensación de misterio y espiritualidad. Coloque los cristales y piedras preciosas relevantes en su altar, así como cualquier otro elemento como fotografías o estatuas que le ayuden a inspirar su meditación. Seleccione una zona de su casa en la que se sienta más cómodo, como una habitación tranquila en la que no le molesten.

Segundo paso: Ahora, prepárese para la invocación. Para ello, lávese las manos y la cara, póngase ropa limpia y flores aromáticas frescas que haya recogido usted misma. A continuación, concéntrese en los ángeles con los que desea comunicarse. Tómese un momento para considerar qué es aquello en lo que necesita ayuda y por qué. Haga una lista mental de todas sus preocupaciones para formar un mensaje coherente para el ángel que tiene en su mente.

Tercer paso: Siguiendo adelante, debe situarse frente a su altar y comenzar a meditar. Si ya ha realizado esta práctica con anterioridad, sabrá lo que se siente al tener una visión de un ángel de pie justo delante de usted, aunque si nunca lo ha hecho antes, esta es su oportunidad de aprender. Imagínese al ángel de la forma que mejor funcione para usted. A algunas personas les resulta más fácil visualizar a un niño pequeño, y otras utilizan ángeles de las escrituras, aunque sea cual sea la forma en que lo haga, tiene que ser capaz de imaginar de forma clara y vívida. Es importante que mantenga el contacto con el ángel centrándose en él, aunque solo sea durante unos instantes.

Cuarto paso: Cuando sienta que ha establecido la conexión con claridad, pida una respuesta a sus inquietudes. Cuando reciba una respuesta, determine hasta qué punto puede entenderla. A menudo las respuestas llegan en forma de símbolos o imágenes que requieren una interpretación por su parte. Tómese su tiempo e intente averiguar qué significa para usted la imagen o el símbolo. A continuación, forme un círculo dibujando un símbolo sagrado en el suelo delante de usted, que le proteja contra cualquier fuerza dañina que pueda estar intentando penetrar.

Capítulo Siete: Los Arcángeles de las Cuatro Esquinas

La tradición judía nos enseña que, para mantener el mundo en orden, Dios asignó a cuatro ángeles especiales la responsabilidad de vigilar las cuatro esquinas de la Tierra. Tener tal tarea no era fácil, y a los ángeles se les dieron poderes especiales que les ayudarían a proteger su rincón designado. A Miguel, asignado al Sur, se le confirió el poder del fuego. A Gabriel, guardián del Oeste, se le dio el control sobre el elemento agua. A Rafael, que vigila el Este, se le dio el cargo del viento. Por último, Uriel, que vigila el Norte, tiene mando sobre la Tierra. La oración judía, Kriat Shema, escrita y leída tres veces al día por todos los judíos ortodoxos, pide la protección de estos cuatro ángeles. La oración contiene los nombres de cada ángel asociados al elemento y rincón de la Tierra que custodia. Es básicamente una llamada pidiendo la protección de Uriel desde el norte, Rafael desde el este, Miguel desde el sur y Gabriel desde el oeste.

La práctica chamánica de invocar a estos cuatro arcángeles fue traída a Europa por los refugiados judíos de España y Portugal que huyeron del éxodo masivo de 1492. El estudio y la enseñanza de estos cuatro arcángeles están ahora muy extendidos en todos los segmentos del judaísmo (judaísmo ortodoxo) y, en menor medida, en todas las religiones indoarias.

La creencia de que los ángeles se encuentran en cada uno de los cuatro puntos cardinales puede encontrarse en numerosas culturas de todo el mundo, incluida la tradición de los nativos americanos. Hay ciertos elementos comunes a todas estas tradiciones. Las cuatro direcciones cardinales, norte, sur, este y oeste, se consideraban especiales en el mundo antiguo, y cada una está asociada a su propia deidad única. Cada dirección se considera la guardiana de un elemento, que rige una esfera específica de la actividad humana. En el neopaganismo, esta tradición está experimentando actualmente un renacimiento, reflejo de un creciente interés por las tradiciones esotéricas de nuestros antepasados. Además de la protección que ofrecían estos ángeles especiales en oriente y occidente, el tiempo se dividía en cuatro estaciones, cada una gobernada por su propio guardián, también conocido como arcángel. En la tradición hebrea, Miguel es el guardián de la primavera y el verano, Gabriel se asocia con el otoño, Uriel es el guardián del invierno y Rafael preside la primavera.

Las cuatro Virtudes Cardinales (Templanza, Fortaleza, Justicia y Prudencia) llevan el nombre de los cuatro arcángeles. Nuestros antepasados valoraban mucho estas virtudes como clave para llevar una vida ética. Se sabía que Dios encarnaba estas virtudes, al igual que se sabía que los cuatro ángeles vigilaban los puntos cardinales. La Templanza se asociaba estrechamente con Miguel, la Fortaleza con Rafael, la Justicia con Gabriel y la Prudencia con Uriel. Aunque estas virtudes no sean muy conocidas en la cultura popular, siguen formando parte de nuestra conciencia colectiva y se enseñan en sinagogas y escuelas de todo el mundo.

Los ángeles, al igual que los seres humanos, se componen a su vez de varias partes elementales. Los cuatro elementos son

- Tierra (Geburah)
- Viento (Tehinnah)
- Agua (Hod)
- Fuego (Yesod)

Éstos corresponden al cuerpo físico, las emociones, el ego y el intelecto. Trabajando juntos, estos cuatro conforman todo nuestro ser. Cuando cada uno no está equilibrado con su elemento correspondiente, se desequilibra, provocando desarmonía y desequilibrio en nuestras vidas. Cuando una persona está desequilibrada, esto se refleja en su vida. Las emociones desequilibradas conducen a un comportamiento destructivo, incluso asesino.

Un ego desequilibrado da lugar a un sentido inflado del yo, que conduce a la violencia y la arrogancia. Un intelecto desequilibrado puede resultar en traición y crueldad hacia el prójimo. Los ángeles guardianes de los elementos actúan como equilibradores, restaurando la armonía y el equilibrio cuando el elemento de uno está desequilibrado. Con el desequilibrio de uno de estos elementos puede venir la enfermedad, la depresión, el miedo y la desesperanza. Los guardianes de los elementos no están ahí para curar estas enfermedades, sino para ayudar a restablecer el orden y el equilibrio.

En la tradición judía, los ángeles también están asociados con los cuatro mundos de la existencia, Atzilut, Briah, Yetzirah y Assiah. Cuando uno logra la armonía dentro de estos cuatro mundos, ascenderá a niveles superiores de espiritualidad, acercándose más a Dios. Esta práctica cae bajo el paraguas del misticismo judío y se considera un nivel intermedio entre la práctica para principiantes y la avanzada.

La primera asociación documentada entre Miguel, Gabriel, Uriel y Rafael con sus respectivos elementos se produjo en un ensayo titulado "El libro de la vida", escrito por Isha Schwaller De Lubicz. Tuvo lugar en 1907 en el congreso anual de ocultistas de todo el mundo. En este ensayo, describió cómo cada ángel estaba asociado con uno o más de estos elementos. La idea fue desarrollada en la década de 1940 por Samael Aun Weor, quien escribió que los cuatro elementos y los cuatro puntos cardinales eran fuerzas espirituales parecidas a los cuadrantes de un círculo. Eran responsables de la creación de un torbellino invisible dentro del universo.

Moviéndose en sentido contrario a las agujas del reloj, creaban un ciclo continuo de manifestación, creación, conservación, destrucción y disolución. También se creía que contenían un quinto elemento, que era el "Tetragrammaton" o "Sha-He-Vau-He", el nombre sagrado de Dios. Este es la fuente de toda vida y se relata en el Génesis como una de las cuatro letras necesarias para construir el universo. La estrella de cinco puntas es un símbolo de estos cinco elementos. En la tradición judía, este símbolo se denomina "El Escudo de David" y es uno de los símbolos más destacados del judaísmo, junto con la menorá. Es un recordatorio de que solo hay un Dios (Sha-He-Vau-He).

Arcángel Miguel, Guardián del Sur

En la tradición occidental, los símbolos asociados a Miguel son el águila y el color rojo. El águila es un símbolo de transformación y desinterés. En la masonería, se considera un símbolo de inmortalidad y renacimiento. En la alquimia, representa el fuego y, por tanto, la transformación.

Nuestros antepasados consideraban que el fuego era un elemento esencial en la vida y se creía que encerraba todo el potencial dentro de su poder transformador. Miguel es el guardián del elemento del fuego, conocido como Geburah. El color rojo simboliza el poder creativo y destructivo del fuego, asociado a su naturaleza ardiente. Es un símbolo de guerra, violencia y furia. Sin embargo, cuando está equilibrado, puede asociarse con el desinterés, el valor y la fuerza.

En la Biblia, se dice que Miguel apareció ante el profeta Daniel para ayudarle a comprender una visión que había tenido. También se apareció ante el rey Salomón para ayudarle a elegir entre dos mujeres que decían ser la madre del mismo niño. En el Islam, se le conoce como "Jibril" y es uno de los siete ángeles que están ante el trono de Dios. Es un ángel guerrero que ha sido enviado para defender a los fieles como comandante del ejército de Dios contra el mal. El Corán nos informa de que reveló a Mahoma la ubicación del Paraíso y del Infierno. Se le representa con una espada y un par de alas, simbolizando su papel como portador de la muerte, pero también de la medicina y la vida.

En la qabalah, Miguel representa a Gevurah, una de las diez sefirot del Árbol de la Vida. Gevurah conlleva una variedad de significados en hebreo, que van desde la restricción, la fuerza y el poder. Asociada también al elemento del fuego, se considera una fuerza necesaria para el equilibrio de todas las demás fuerzas. Así, se hace referencia a Miguel como "el príncipe de la paz", ya que aporta la comprensión de la ley ayudando a reconciliarse con uno mismo y con los propios conflictos internos. Él representa la capacidad de llegar a un acuerdo con los hechos duros de la vida y no actuar por impulso.

- **Color:** A Miguel se le asocia sobre todo con el color rojo, que se conoce como el color del fuego. El color rojo también simboliza la fuerza, el vigor y la pasión. En la masonería, el azul se asocia con Miguel. El azul se considera un emblema de luz, pureza y constancia. En el cristianismo, simboliza el cielo y la

inmortalidad. El verde también se asocia a Miguel porque
representa la naturaleza.

- **Chakras:** Se dice que los chakras de Miguel se encuentran en la
 pituitaria, las suprarrenales y el plexo solar. La pituitaria se
 asocia con la conciencia del ego, la suprarrenal con las
 emociones y las pasiones y el plexo solar con la energía
 instintiva. Cada una de estas tres zonas tiene un chakra en cada
 punto. Las hormonas asociadas a estas zonas influyen en
 nuestro comportamiento y en nuestras reacciones ante las
 situaciones. Se dice que Miguel ayuda a equilibrarlas cuando
 están desequilibradas.

- **Planetas:** Miguel está asociado con Saturno porque es el
 guardián del elemento de Geburah. Según la astrología antigua,
 se pensaba que la influencia de Saturno propiciaba una mayor
 comprensión de la realidad y un cambio gradual de la
 conciencia. El color asociado a Saturno es el rojo-dorado.

- **Signos solares:** Miguel está asociado al signo solar Leo. Como
 uno de los tres signos fijos del zodíaco, Leo es conocido como
 el signo de la autoexpresión y del ego. También es un signo de
 fuego.

- **Vibración:** Verdad, autenticidad y desinterés.

- **Cristales:** El zafiro azul, la labradorita dorada, la sodalita y el
 lapislázuli son cristales que pueden utilizarse para ayudar a
 enraizar la energía de Miguel.

- **Símbolos:** El símbolo de Miguel es un águila dorada con las
 alas desplegadas, símbolo de protección y regeneración.

- **Consejo de invocación:** El mejor momento para invocar a
 Miguel es durante los meses de verano a las 11:11 a. m. y a las
 11:11 p. m. Cuando invoque a Miguel para que le ayude a
 ponerse en un estado de receptividad para su energía y sus
 mensajes, es útil contemplar la simbología asociada a Miguel,
 como el águila.

Arcángel Gabriel, Guardián de Occidente

Gabriel es conocido como el ángel mensajero, que simboliza la
comunicación y la regulación de nuestra interacción con los demás. En
la tradición cristiana, es el más conocido por llevar los mensajes de Dios

tanto a los humanos como a los ángeles. Su nombre significa "Dios es mi fuerza", que es una cualidad positiva asociada a él. Representa el poder de Dios, lo que es evidente en su nombre, "Gabriel", que significa "héroe de Dios". En el Islam, trajo noticias de la revelación de Dios a Mahoma e instruyó a Daniel sobre la duración del exilio. Se le asocia con el color verde, que simboliza el crecimiento de la vida. Tiene el poder de revelar la luz divina y se le considera un sanador y maestro que nos ayuda a crecer espiritualmente.

En la Cábala, Gabriel representa a Keter. Keter significa "la corona" y es una de las diez sefirot del Árbol de la Vida. Como corona, sostiene la creación a medida que evoluciona a través de sus muchos ciclos de manifestación. También se asocia con la capacidad de Dios de crear sin límites ni fronteras y con Su capacidad de impregnar toda la creación y todo lo que hay en ella mediante Su aliento divino (Vau). Así, se asocia con la inhalación, la inspiración y la resurrección. Considerado el ángel de la misericordia y el amor, Gabriel nos ayuda a desarrollar estas cualidades en nuestras vidas y a crecer. *"El ángel que une al Creador con todas las cosas creadas, que media entre el cielo y la tierra"* es como lo describió el rabino Shlomo Yitzchaki.

- **Color:** Gabriel está asociado con el color verde, que simboliza el crecimiento y la renovación.
- **Chakras:** Los chakras de Gabriel se encuentran en la coronilla y la garganta. La garganta representa nuestra capacidad de comunicación, y el papel de Gabriel como mensajero de Dios significa que puede ayudarnos a aprender a hablar con claridad y eficacia, así como a hacer de nuestra voz un instrumento para el bien.
- **Planetas:** Gabriel está asociado con Urano. Urano es un planeta que representa el descubrimiento de nuestra verdadera naturaleza. Puede verse como una lucha entre dos fuerzas opuestas, el deseo de libertad e individualidad y la necesidad de seguridad y comunidad. Se asocia con muchos colores, como el verde, el morado, el azul, el amarillo, el negro y las notas musicales.
- **Signos solares:** Gabriel se asocia con Acuario debido a su asociación con Urano. Se cree que Acuario representa una fuerte individualidad, la liberación de la autoexpresión y un nuevo amanecer de la conciencia. También representa la

capacidad de un individuo para mantenerse independiente de la influencia exterior, que puede ser contraria al deseo o a la necesidad.
- **Vibración:** Verdad, amor y abundancia.
- **Cristales:** La sodalita verde y el lapislázuli son cristales que pueden utilizarse para ayudar a enraizar la energía de Gabriel.
- **Símbolos:** El símbolo de Gabriel es un ángel de dos alas con una trompeta. Las dos alas representan su papel como mensajero de Dios y la trompeta representa el mensaje que trae.
- **Consejo de invocación:** Para invocar la energía de Gabriel, es útil meditar en los símbolos y colores asociados a él. También es útil encontrar un objeto verde o una imagen de un ángel de alas verdes y colocarlo donde lo vea con frecuencia. Cuando esté rezando, puede invocar su energía pidiéndole que le ayude a comunicarse con eficacia, haciendo de su voz un instrumento del bien y transmitiendo mensajes de Dios.

Arcángel Rafael, Guardián de Oriente

Rafael es el ángel mensajero de la curación que nos trae el conocimiento divino. Se le asocia con el color púrpura, que simboliza el poder de la curación y la integridad. Su nombre significa "Dios ha sanado", y esta cualidad sanadora le ha favorecido enormemente durante su larga asociación con la humanidad. Se le asocia con la compasión, la misericordia y el amor incondicional (Rah). En la Biblia, Dios le encargó que atendiera a los israelitas tras su éxodo de Egipto, y ayudó a Tobías en su viaje de regreso a su tierra natal. También ayudó a Abraham a cruzar el Mar Rojo. Ejemplifica la paciencia, la persistencia y el autocontrol como modelo para la humanidad. Su papel sanador se refleja en su asociación con Venus, el planeta del amor y la atracción.

En la Cábala, Rafael representa a Chokmah. Chokmah es la segunda séfira del Árbol de la Vida y se asocia con la sabiduría. Representa el lado activo del conocimiento y la experiencia. Se considera que contiene todo lo que existe en potencia, incluidos todos los opuestos en su perfecto equilibrio, además de ser capaz de dar a luz sin límites ni fronteras. Por ello, se asocia con la inspiración, el aliento de vida y la resurrección. Rafael nos ayuda a crecer espiritualmente a través de sus cualidades curativas y su compasión por la humanidad. Puede ayudarnos a ser más introspectivos y sensibles a los problemas de los demás para que podamos comprender mejor sus problemas desde un punto de vista compasivo.

- **Colores:** El púrpura es el color de la sanación, y el papel de Rafael como ángel de la sanación significa que puede ayudarnos a volvernos sensibles y receptivos a su influencia sanadora.
- **Chakras:** El chakra de Rafael está en el corazón, representando nuestra compasión y capacidad de amar a los demás.
- **Planetas:** Rafael está asociado con Venus. Venus es un planeta que representa el amor, el refinamiento y la atracción, y estas cualidades representan su energía curativa.
- **Signos solares:** Rafael está asociado con Tauro porque está asociado con Venus. Tauro es conocido por su firmeza y perseverancia en el trabajo hacia sus objetivos, lo que refleja el deseo de Rafael de que la humanidad siga trabajando hacia la perfección espiritual.
- **Vibración:** Perdón, salud y alegría.
- **Cristales:** La amatista y la jadeíta pueden utilizarse para limpiar y abrir los centros de energía sutil de Rafael.
- **Símbolos:** El símbolo de Rafael es un disco circular púrpura rodeado de alas angelicales.
- **Consejo de invocación:** Cuando se prepara para una sesión de sanación es el mejor momento para invocar al Arcángel Rafael.

Arcángel Uriel, Guardián del Norte

Uriel significa "Dios es mi luz" y su nombre simboliza la integración del espíritu y la materia. Ha ayudado a la humanidad en su evolución espiritual desde los primeros días de la creación, cuando se dice que ayudó a Noé a construir el arca tras el gran diluvio. En Egipto, fue el líder de un grupo de ángeles que protegieron y ayudaron a los humanos mientras el faraón los esclavizaba. También ayudó a Moisés a escapar de Egipto con el pueblo israelita.

En la Cábala, Uriel representa a Netzach. Netzach es una de las diez sefirot del Árbol de la Vida y se asocia con nuestra capacidad de sufrir o soportar la existencia terrenal para cumplir nuestros objetivos. También se asocia con la atracción, la restauración y la renovación. Uriel, que ayuda a la evolución espiritual, puede ayudarnos en nuestro crecimiento espiritual personal gracias a su capacidad para ayudarnos a soportar el sufrimiento y los retos de la vida. También puede ayudarnos a recuperar nuestra fuerza y determinación, a través de las cuales podemos alcanzar nuestros objetivos.

- **Los colores:** El amarillo es el color de Netzach y se asocia con la tranquilidad y la sabiduría de Uriel.
- **Chakras:** Los chakras de Uriel se encuentran en la garganta y el tercer ojo. La garganta representa la comunicación, que es una parte importante del despertar espiritual. El tercer ojo representa nuestra capacidad de ver más allá del mundo físico hacia un plano superior de conciencia.
- **Planetas:** Uriel está asociado con Júpiter. Júpiter es un planeta que indica expansión, relación y estabilidad, y estas cualidades representan su energía curativa. También está asociado con muchos colores como el amarillo, el azul, el rojo, el verde, el blanco y el violeta (azul claro).
- **Signos solares:** Uriel está asociado con Géminis. Géminis es conocido por su mente rápida y adaptable, que atribuye a la importancia de la comunicación durante el crecimiento espiritual. También se le asocia con Acuario por su asociación con Urano. Acuario es conocido por su sentido desapegado de la individualidad, la libertad y el cambio, lo que refleja su papel como guía en nuestra evolución espiritual.
- **Vibración:** Verdad, fe y propósito superior.
- **Cristales:** El cuarzo ahumado o la calcita amarilla pueden ayudar a activar la energía de Uriel en los cuerpos sutiles.
- **Símbolos:** El símbolo de Uriel es un disco circular azul rodeado de rayos de oro.
- **Consejo de invocación:** Puede sentir la presencia de Uriel en plena meditación o contemplación tranquila cuando esté a punto de abrirse a otro nivel de conciencia.

Capítulo Ocho: Más Arcángeles y cómo trabajar con ellos

Arcángel Azrael

En la tradición occidental, los símbolos asociados a Azrael son una copa y una guadaña. La copa simboliza la introspección y la reflexión, mientras que la guadaña representa la transformación. La copa representa las palabras de Cristo en el cristianismo: "No he venido a traer la paz, sino una espada". Esta afirmación pretendía mostrar que debemos luchar contra nuestros propios demonios interiores para poder progresar espiritualmente en nuestro camino.

La guadaña es un instrumento que se utiliza para cosechar los cultivos y segar la muerte, especialmente a través de la guerra o la peste. Es un símbolo de muerte, pero también de transición y renovación. Según la alquimia, la guadaña representa el envejecimiento y la renovación. A Azrael se le llama a menudo el ángel de la muerte, ya que su deber es llevar las almas de los muertos y guiarlas hacia su nueva vida.

También se le describe asociado a Saturno, que en la astrología antigua se creía que representaba una fuerza interior o madurez que producía un cambio en la propia conciencia. El poder atribuido tanto a Saturno como a Azrael se ha considerado necesario para progresar en el camino de uno hacia la iluminación. En el budismo, se representa al Buda Amitabha sosteniendo una copa o una joya en la mano. Se trata de Azrael, considerado el ayudante de Amitabha.

En la Cábala, Azrael está asociado con la sefirá Binah. Binah es conocida como la madre del universo y es representativa de la comprensión y la sabiduría. Representa una relación personal con Dios y un sentimiento de confianza en el cuidado que Dios tiene de uno mismo. Azrael también representa la undécima hora de Malkuth, que significa ser una expresión del poder divino en el mundo físico. Como tal, también puede representar el tiempo, especialmente el transcurrido desde el nacimiento o renacimiento de uno en esta vida.

- **Color:** Azrael está asociado con el color negro. El negro simboliza el poder, la autoridad y el juicio. Según el hinduismo y el budismo, representa la muerte.
- **Chakras:** Los chakras de Azrael se encuentran en el corazón, la garganta, el tercer ojo, el chakra corona y el chakra base.
- **Planetas:** Azrael está asociado con el planeta Saturno. La asociación de este planeta con el tiempo lo ha convertido en una elección apropiada para este representante angélico, ya que Azrael actúa como custodio del tiempo durante toda la vida de una persona en la Tierra. Como tal, representa la ley del karma y del destino, así como la justicia divina y la misericordia divina que nos asiste durante toda nuestra vida. El color asociado a este planeta es el blanco plateado.
- **Signos solares:** Azrael está asociado con el signo solar Escorpio. Escorpio es conocido como el signo de la regeneración, la muerte, el renacimiento y la transformación. Como este signo es un signo de agua, tiene una profunda conexión con la mente inconsciente y con los procesos psíquicos. Esta conexión ha llevado a otros a asociarlo con la magia y la hechicería. Azrael también se asocia con el signo solar Sagitario. Sagitario es conocido como el arquero y representa la franqueza, la honestidad y la libertad de expresión. También representa la capacidad de ver una situación desde muchas perspectivas, lo que puede ayudar a comprender la verdad y a tomar decisiones sabias basadas en esa comprensión. El color asociado a este signo solar es el dorado.
- **Vibración:** Luz, sabiduría y cambio interior.
- **Cristales:** La obsidiana negra, el jaspe, el crisoberilo y el granate rojo son cristales que pueden utilizarse para ayudar a enraizar la

energía de Azrael.

- **Símbolos:** El símbolo de Azrael es una guadaña y una copa. Como ya se ha dicho, esto representa la siega de la muerte a través de la guerra o la peste, al tiempo que representa también la siega de la muerte a través de fuerzas naturales como el envejecimiento, la enfermedad y la propia muerte. El símbolo de Azrael es también una pluma. Las plumas se han utilizado para ayudar a conectar el reino terrenal con el de los ángeles proporcionando un medio para transmitir mensajes. En el hinduismo, se dice que la palabra para pluma es aksa, que representa el poder del vuelo. También representa el poder de la conciencia interior, así como las aspiraciones espirituales. Las plumas también representan la sabiduría y el poder espiritual en muchas tribus nativas americanas. En la cultura azteca, a Azrael se le conoce como La Serpiente Emplumada y se le representa con garras y plumas adornando su cuerpo. La Serpiente Emplumada representa la vida, la muerte, el renacimiento y la evolución a través de una transformación porque muda de piel cada cierto tiempo.

- **Consejo de invocación:** El mejor momento para invocar a Azrael es durante el otoño. También se le puede invocar durante los rituales de luna nueva. Es útil contemplar la simbología de Azrael cuando se le invoca para ayudar a ponerse en un estado de receptividad para su energía y sus mensajes.

Arcángel Chamuel

Chamuel es conocido como el ángel del amor y la compasión. Su nombre significa "El que ve a Dios" y hace referencia a su capacidad para ver simultáneamente el pasado, el presente y el futuro. Chamuel actúa como un enviado del amor de Dios para que la humanidad pueda alcanzar el progreso espiritual enfrentándose a sus pasiones más oscuras. Es uno de los ángeles que presiden el signo zodiacal de Tauro, caracterizado por su fiabilidad y perseverancia o tenacidad. Está representado por el elemento Tierra, que simboliza la estabilidad y la fiabilidad. Tauro también representa las cosas tangibles y físicas y se asocia con el cuerpo y la materia.

Chamuel tiene un efecto curativo en la conciencia humana, especialmente a la hora de comprender cómo las emociones negativas pueden transformarse en energía positiva. Como representante de la introspección, nos ayuda a transformar nuestra vida emocional interna y nuestra relación con los demás, a la vez que nos ayuda a comprender cómo podemos curar las heridas emocionales que se han producido en vidas pasadas y en esta vida. Puede ayudar a sanar y transformar el corazón, permitiéndole estar más abierto al amor y a la plenitud. Como ángel del amor, trabaja con el arcángel Sandalphon para formar la orden angélica de arcángeles conocida como los Elohim. Está exaltado por encima de todas las criaturas por su conocimiento de Dios y su poder para curar el sufrimiento humano.

La energía positiva de Chamuel puede tener un poderoso efecto curativo en las dolencias relacionadas con el sistema respiratorio (es decir, asma, bronquitis) y las relacionadas con la producción hormonal (es decir, infertilidad e impotencia). Aquellos que trabajan con Chamuel a menudo ven muy aumentada su capacidad para manifestar riqueza a todos los niveles. La energía de Chamuel también puede ayudar a trabajar las partes más difíciles de vidas pasadas para alcanzar una mayor sensación de paz y plenitud espiritual. Como ángel de la paz, enseña a alcanzar la paz interior y el equilibrio en circunstancias difíciles.

- **Colores:** Blanco, morado y dorado.
- **Chakras:** Los chakras de Chamuel se encuentran en el corazón, la cabeza, el plexo solar y el tercer ojo.
- **Planetas:** Chamuel está asociado con el planeta Mercurio. Este planeta está asociado con la comunicación, el intelecto, la función mental, la educación y el aprendizaje. También representa una vida espiritual superior, muy relacionada con el poder de la intuición. El color asociado a este planeta es el blanco plateado.
- **Signos solares:** Chamuel está asociado con el signo solar Tauro.
- **Vibración:** Compasión, comprensión y transformación.
- **Cristales:** El diamante Herkimer es un cristal que funciona bien con Chamuel.
- **Símbolos:** El símbolo de Chamuel es un caduceo o bastón con dos serpientes enroscadas alrededor. A menudo se le representa sosteniendo una rama en la mano izquierda, que representa la curación de dolencias físicas a través del poder de la compasión. Las otras dos serpientes simbolizan la curación

de las heridas del pasado.

- **Consejo de invocación:** El mejor momento para invocar a Chamuel es durante el solsticio de invierno y durante los rituales de luna nueva. También se le puede invocar durante tránsitos planetarios como Mercurio, Venus y Marte.

Arcángel Raguel

El nombre de Raguel significa "amigo de Dios". Se le conoce como el ángel guardián del planeta Tierra y representa la justicia divina. Se cree que es el guía de las almas que pasan por el inframundo de camino al cielo. Como un ángel guardián, trabaja tanto con humanos como con animales. A veces, se le representa con cabezas de animales, por ejemplo, un perro o un león. En estas formas, su función también puede verse como la de un protector y mensajero entre el cielo y la tierra. Raguel nos ayuda a descubrir nuestra voluntad divina de acuerdo con lo que necesitamos en nuestro camino espiritual para que podamos encontrar una mayor felicidad mientras cumplimos nuestra propia misión única. La energía de Raguel también está estrechamente relacionada con la de Chamuel en el sentido de que nos ayuda a aprender a utilizar nuestras emociones de forma positiva y a superar sus expresiones negativas en nuestras vidas. Nos enseña cómo manejar la ira, el odio, la lujuria y otros deseos mundanos para encontrar una mayor paz en nuestro interior. Además, nos enseña cómo aceptar radicalmente el amor del reino divino en nuestras propias vidas por el poder espiritual que posee para la autoconciencia.

En la Biblia, se menciona a Raguel en el libro de Isaías. Aparece como un profeta que presencia la destrucción de Babilonia y participa en la venida de Jesús al mundo. El símbolo de Raguel representa el cordón de cuentas que lleva alrededor del cuello, que es la marca de su misión profética y de su autoridad divina. Como profeta, a menudo mantiene una relación con Dios en nombre de la humanidad. También se le pueden encomendar misiones para proteger y defender a personas o lugares concretos.

En la cábala, Raguel es el arcángel de la sefirá de Netzach. La sefirá de Netzach está asociada con las emociones, los instintos y la fuerza que une el pensamiento con la acción. Su símbolo son dos triángulos superpuestos, uno apuntando hacia arriba y el otro hacia abajo. Este símbolo representa la unión del cielo y la tierra, así como la unión de la materia con el espíritu. Netzach también representa las cosas que surgen a través del conflicto. Está relacionado con los sentimientos, los deseos, así como con la sexualidad y las pasiones secretas.

- **Colores:** Azul, gris y plateado.
- **Chakras:** Los chakras de Raguel son el corazón, la garganta, el plexo solar y el tercer ojo.
- **Planetas:** Raguel está asociado con el planeta Urano, que está vinculado a las ideas abstractas, la libertad y la autonomía. También puede asociarse con la creatividad, la metafísica, la ciencia ficción, los extraterrestres y la tecnología. Raguel también está vinculado al planeta Mercurio, conocido por la comunicación y el intelecto. El color de este planeta es blanco plateado.
- **Signos solares:** Raguel está asociado al signo solar Géminis.
- **Vibración:** Paz, comprensión y transformación.
- **Cristales:** Citrino, aguamarina y cornalina.
- **Símbolos:** El símbolo de Raguel es un bastón o varita con letras que deletrean su nombre en letras hebreas y su título, "amigo de Dios", así como un ojo en el centro. El bastón, que sirve como símbolo de lo divino, está relacionado con la justicia y la protección. Las letras que deletrean su nombre en hebreo en la asta del báculo nos recuerdan que debemos estar dispuestos a defender lo que es justo. El ojo en el centro del pentagrama representa el conocimiento, la pureza y la presencia vigilante de Dios.
- **Consejo de invocación:** El mejor momento para invocar a Raguel es durante el solsticio de invierno y la luna creciente. Invocarle los lunes, miércoles y viernes también es bueno. También se le puede invocar durante tránsitos planetarios como Urano, Mercurio y Venus.

Arcángel Zadkiel

Zadkiel es el arcángel de la libertad, la misericordia, el perdón y la gratitud. A menudo representado con una espada en la mano o una espada envainada a su lado, se dice que es el ángel supremo de la gracia. Además, se le ve sosteniendo uvas o espigas de trigo en la mano para representar el alimento divino para el alma. El papel de Zadkiel también puede verse como el de un maestro que nos guía en nuestro camino espiritual y nos anima a abrazar el don de Dios del amor universal, el perdón divino y la espiritualidad en nuestra vida cotidiana. Se le puede invocar para que nos ayude a comprender cómo el pasado gobierna nuestras vidas presentes y cómo estamos siempre conectados con el reino divino.

En la qabalah, Zadkiel es el arcángel de la sefirá Binah. Binah se asocia con la comprensión y la iluminación. Está relacionada con el pensamiento, la inteligencia y la memoria. El símbolo de Zadkiel es una corona con dos telarañas, que representa la iluminación divina. Además, la sefirá de Binah también representa la acción y el propósito divinos.

- **Colores:** Violeta
- **Chakras:** Los chakras de Zadkiel son el corazón, la garganta y el tercer ojo.
- **Planetas:** Zadkiel está asociado con el planeta Júpiter, conocido por el crecimiento, la expansión, la abundancia y la buena fortuna. El color de Júpiter es el amarillo dorado.
- **Signos solares:** Zadkiel está asociado con el signo solar de Libra, que representa el equilibrio y la armonía, así como las relaciones y el amor. También se le asocia con Sagitario.
- **Vibración:** Conexión espiritual, misericordia y caridad.
- **Cristales:** Cristal de cuarzo transparente.
- **Símbolos:** A menudo se representa a Zadkiel con una espada. El símbolo de la espada representa la protección divina. También representa el poder divino que nos libera de nuestra propia ignorancia y arrogancia para abrazar la sabiduría divina, el amor y la simpatía por los demás.
- **Consejo de invocación:** El mejor momento para invocar a Zadkiel es durante el solsticio de invierno, cuando la luz llega al mundo. Es bueno invocarle los lunes, miércoles y viernes. También puede ser bueno invocarle durante tránsitos planetarios como Júpiter, Urano y Mercurio.

Arcángel Jofiel

Jofiel es el arcángel de la sabiduría, la pureza y el amor. Se le asocia con los aspectos femeninos del reino divino porque a menudo se le representa como una doncella angelical. Su presencia puede sentirse en el ascenso del alma a las alturas de la autoconciencia, el poder espiritual y la trascendencia. Se le puede invocar para que nos ayude a comprender cómo podemos ir más allá de la búsqueda del conocimiento hacia una mayor comprensión de nosotros mismos y de cómo somos puros iguales en la divinidad. En la Cábala, Jofiel es el arcángel de Chokmah. Chokmah se asocia con la inteligencia divina, la intuición y la conciencia. Su símbolo es un río que fluye y que representa la inspiración creativa. Esta sefirá también representa nuestra conexión con el mundo de las ideas.

- **Colores:** Amarillo y verde
- **Chakras:** Los chakras de Jofiel son el corazón, el plexo solar y el tercer ojo.
- **Planetas:** Jofiel está asociado con el planeta Venus, que se relaciona con la creatividad, el amor y la felicidad. Desempeña un papel importante en las relaciones y también puede vincularse al elemento agua. Su color es amarillo verdoso.
- **Signos solares:** Jofiel está asociado con el signo solar de Cáncer, conocido por la sensibilidad, el amor y la compasión. También se le asocia con el signo solar de Escorpio, conocido por el poder, el liderazgo y la sexualidad.
- **Vibración:** Amor puro, conocimiento y autoconocimiento.
- **Cristales:** Los cristales de cianita y amatista pueden utilizarse para trabajar con Jofiel.
- **Símbolos:** El símbolo de Jofiel consiste en tres puntos o círculos que deletrean su nombre en letras hebreas y su título, "amigo de Dios", en inglés. En la parte delantera de este símbolo hay dos alas que representan la iluminación espiritual y la comprensión empática de los demás.
- **Consejo de invocación:** El mejor momento para invocar a Jofiel es durante el equinoccio de primavera, cuando la luz del reino divino llega al mundo. También es bueno invocarle los lunes, miércoles y viernes, pero se le puede invocar en cualquier momento.

Capítulo Nueve: Oración y meditación

La oración es una forma de comunicación con Dios o con cualquier entidad espiritual. Las oraciones pueden ser tan breves como una palabra, pero también pueden ser muy largas y detalladas. Nos permite pedir ayuda, dar las gracias, conectar con alguien o algo de forma espiritual o emocional y acercarnos a Dios. La oración es universal. La practican muchas religiones y culturas en muchos idiomas y estilos.

La meditación es un momento para calmar la mente, centrarse en una cosa y ser más consciente del entorno y de uno mismo. Puede practicarse como rutina diaria o utilizarse como herramienta para la curación, la relajación o la percepción personal. La meditación nos permite centrar la mente en una cosa cada vez, en lugar de ser bombardeados por estímulos externos como otros sonidos o personas. Centrarnos en nuestro interior y ser conscientes de nuestro cuerpo, pensamientos y sentimientos puede ayudarnos a comprender quiénes somos como seres humanos y permitirnos llegar a los ángeles en busca de ayuda.

Gran parte de lo que necesitamos en nuestras vidas procede del universo, pero ¿cómo lo pedimos sin parecer tontos o ingenuos? La respuesta es la oración y la meditación. No solo nos ayuda a expresarnos mejor, sino también a conectar con Dios y los ángeles a un nivel más profundo. Es una forma de reconocer la fuente de todas nuestras necesidades y hacerles saber que deseamos cualquier cosa que nos ofrezcan que pueda sernos útil.

Oración al Arcángel Miguel

Esta oración se reza mejor el domingo, día dedicado al Arcángel Miguel. La oración comenzará con un reconocimiento al ángel y agradecimiento por todo lo que hace. A continuación, rece para pedir al arcángel su protección divina, su fuerza, su guía y su sabiduría en todos los aspectos de su vida. Pídale que esté con usted al comenzar la nueva semana y que le conceda la fuerza y el valor necesarios para afrontar los retos de la semana. Pida protección contra todas las entidades malignas y solicite bendiciones para usted, su familia y todas las personas. La oración debe terminar con gratitud, como si sus peticiones ya hubieran sido concedidas. Haga unos momentos de silencio para tomar tierra antes de concluir la oración.

Oración al Arcángel Gabriel

El lunes está dedicado al arcángel Gabriel y esta oración sería mejor rezarla ese día. Esta oración pide la protección divina y la energía del arcángel para que le ayude a traer alegría, belleza y felicidad a su vida. Pídale que le guíe a lo largo de la semana laboral para que pueda encontrar la paz y la felicidad en su interior. Pídale que le ayude a despejar de su vida los pensamientos, energías o personas negativas para que la alegría pueda seguir fluyendo en su vida. Termine la oración con gratitud y alabanza, como si su petición ya hubiera sido concedida. Unos segundos de silencio son ideales para enraizarse antes de continuar con su día.

Oración al Arcángel Uriel

El martes está dedicado al Arcángel Uriel, por lo que esta oración debe rezarse ese día. Esta oración es para aquellos que puedan sentirse inseguros sobre su dirección en la vida o su futuro. Pida la protección y asistencia divinas de Uriel, así como su guía y sabiduría, para que pueda obtener claridad sobre su camino futuro. Si está luchando con un aspecto concreto de su vida, pídale ayuda para liberarlo de su vida y poder avanzar de la forma más positiva posible. Reconozca su presencia en su vida y termine la oración con gratitud y alabanza, sintiendo como si su petición ya hubiera sido concedida.

Oración al Arcángel Rafael

El miércoles está dedicado al Arcángel Rafael, por lo que esta oración debe rezarse ese día. Esta oración es para aquellos que están luchando con pensamientos o personas negativas en sus vidas. Pida la protección y sabiduría divinas de Rafael, así como su guía y ayuda a lo largo de su semana para que pueda ser más receptivo a la alegría, la belleza y la felicidad en su vida. Pida ayuda para liberarse de pensamientos, energías o personas negativas de su vida para que pueda encontrar la paz y la felicidad en su interior. Reconozca su presencia en su vida, así como su energía y bendiciones. Termine la oración con gratitud, luego permita unos momentos de silencio para enraizarse antes de concluir la oración.

Oración al Arcángel Selafiel

Esta oración debe rezarse el jueves. La oración consiste en pedir a Selafiel que le ayude a conseguir un equilibrio saludable entre el amor y el trabajo. Pida un equilibrio de su corazón, mente y espíritu y ayuda para equilibrar su vida amorosa. También puede desear ayuda para equilibrar el trabajo y el juego para ser más productivo. Ruegue por su guía divina en sus relaciones personales o con sus compañeros de trabajo. También puede desear rezar para que le guíe en su búsqueda de pareja o si se siente perdido y solo. Termine la oración con gratitud y alabanza, sintiendo como si su petición ya hubiera sido concedida antes de seguir con su día. Reconozca su energía y guía, ya que le ayudará a equilibrar las fuerzas de la luz y la oscuridad en su vida.

Oración al arcángel Raguel

El viernes está dedicado al arcángel Raguel, y la oración debe rezarse ese día. Esta oración es para aquellos que puedan sentirse inquietos, insatisfechos o solos, aunque otros les rodeen. Pida la protección y asistencia divinas de Raguel, así como su guía y sabiduría, para que pueda encontrar inspiración y claridad sobre el camino de su vida. También es posible que necesite ayuda para encontrar su propósito o el equilibrio en sus relaciones personales y en su carrera profesional. La oración terminará con gratitud, reconociendo que su petición ya ha sido concedida antes de seguir con su día. Reconozca su presencia en su vida, ya que le ayudará a inspirarse y le mantendrá centrado en la consecución de sus objetivos.

Oración al Arcángel Barachiel

Esta oración debe rezarse los sábados. La oración consiste en pedir a Barachiel su protección divina, su energía y su guía durante el fin de semana. Pida protección contra todas las entidades malignas y ayuda para eliminar de su vida lo que no es de la luz, de modo que pueda sentirse inspirado y guiado para seguir avanzando en su viaje. También puede pedir ayuda para recuperar la fe en sí mismo o en los demás y ayuda para resolver asuntos personales de su pasado, de modo que pueda seguir adelante con una pizarra limpia. La oración terminará con gratitud y alabanza, sintiendo como si su petición ya hubiera sido concedida antes de seguir con su fin de semana.

Los ejemplos anteriores de oraciones a los ángeles le proporcionan una plantilla básica de cómo puede ser la oración a los ángeles. Sin embargo, debe personalizarla de forma que se ajuste a sus necesidades o deseos. Puede cambiar el nombre del ángel según el día en que esté rezando la oración, o puede añadir o eliminar ciertos aspectos de la oración. Utilice lo que crea que funcionará mejor para usted y se adapte a su estilo de vida. Se puede recurrir a los ángeles en cualquier momento para que nos ayuden a alcanzar nuestros objetivos y a lograr la paz en nuestro interior. Podemos recibir la inspiración y la orientación divinas cuando más las necesitamos a través de la oración. Permita que los ángeles trabajen con usted de la forma que mejor se adapte a sus necesidades. Rece y esté abierto a recibir las respuestas que busca.

Otras oraciones útiles

Oración para superar la adicción

Puede rezar pidiendo ayuda para superar la adicción a cualquier sustancia o substancia. Rece para tener la fuerza y la resistencia necesarias para superar la adicción y la fuerza de voluntad para resistirse a esa sustancia. También puede pedir ayuda para hacer frente a los sentimientos de vergüenza, bochorno, culpabilidad y autodesprecio. Percíbase fuerte y valiente en esta lucha. Sienta su poder mientras se cura desde un lugar profundo dentro de usted. Los ángeles y Dios están con usted en este proceso. También puede pedir al Arcángel Miguel que le ayude a liberarse a usted y a sus seres queridos de la adicción. Puede seguir los siguientes pasos para realizar un ejercicio de meditación que le ayude en el proceso:

Paso uno: Relaje su mente y su cuerpo. Respire profundamente unas cuantas veces, sintonice con su cuerpo y relájese.

Paso dos: Imagine que la energía de la adicción abandona su cuerpo. Siéntala salir de su cuerpo, a través de la parte superior de su cabeza, y salir por la planta de sus pies.

Paso tres: Imagine una fuerte luz que le rodea y que cae como la lluvia, cubriéndole completamente de luz. Esta imagen le ayudará a neutralizar cualquier efecto negativo que la adicción pueda tener sobre usted.

Paso cuatro: Dé gracias a Dios por esta oportunidad de curarse y liberarse de esta esclavitud.

Paso cinco: Deje que todos los sentimientos pasados de vergüenza, bochorno o culpabilidad se desvanezcan con la energía de esta curación. Usted está perdonado. Usted es libre. Usted tiene el poder de cambiar su vida y sanarse.

Paso seis: Agradezca a los ángeles y a Dios por su libertad. Si lo desea, puede añadir otras meditaciones u oraciones a este ejercicio, como pedir tener visiones del resultado deseado de su curación de la adicción o pedir protección contra la adicción en cuestión.

Oración para superar los patrones de pensamiento negativos

Puede rezar pidiendo ayuda para superar los patrones de pensamiento negativos que parecen reproducirse repetidamente en su mente, impidiéndole experimentar paz mental. Rece para obtener la fuerza y la resistencia necesarias para superar estos pensamientos, sabiduría y guía para que dejen de controlar su vida. Pida al Arcángel Rafael que le ayude a sustituir los pensamientos negativos por pensamientos positivos. Rece para que le ayude a romper el ciclo de negatividad en su vida. Puede utilizar la meditación para ayudar en el proceso de transformación de esta energía negativa en energía positiva. Esto puede hacerse con los siguientes pasos:

Paso uno: Relaje su mente y su cuerpo. Respire profundamente unas cuantas veces, sintonice con su cuerpo y relájese.

Paso dos: Concéntrese en respirar de forma que se relaje más cada vez que inhale y se relaje más cada vez que exhale.

Paso tres: Dirija su atención a sus pensamientos y anote y describa los pensamientos negativos que siguen viniendo a su mente.

Paso cuatro: Utilizando la oración anterior al Arcángel Rafael, pídale que le ayude a limpiarse de toda energía negativa para que estos pensamientos ya no le controlen. Pídale que le ayude a verlos como lo que son, el pasado y no el futuro. Sienta su luz divina rodeándole, permitiéndole ver claramente con la guía Divina.

Paso cinco: Agradezca esta oportunidad de sanación y libérese de esta esclavitud.

Oración por la paz mental

Puede rezar pidiendo ayuda para alcanzar la paz mental. Rece para obtener la fuerza y la resistencia necesarias para superar la ansiedad y el estrés. Pida al Arcángel Raziel que le ayude a utilizar su mente para crear un ambiente de paz y tranquilidad a su alrededor. Pida ayuda para eliminar las causas de la ansiedad. Pida al Arcángel Uriel que le ayude a superar sus miedos. Deje que los ángeles y Dios le guíen mientras realiza cambios en su vida que manifiesten la paz que desea. Empiece a sentirse en paz, tranquilo y en calma mientras medita en estas oraciones.

Paso uno: Relájese y suelte toda tensión y ansiedad.

Paso dos: Sintonice con el centro de su corazón, sintiendo la paz que crea este lugar. Siéntase en paz.

Paso tres: Comience a tener solo pensamientos positivos sobre usted y su vida. También puede incluir pensamientos positivos sobre Dios, los ángeles y el universo. Cuanto más se concentre en estos pensamientos, más comenzará la realidad a reflejarlos en su vida.

Paso cuatro: Inspire y espire tranquilamente, sintiendo paz, llenando su cuerpo con cada respiración. Puede rezar pidiendo ayuda para conseguir una mente en paz, como cuando se enfrenta al pánico y la ansiedad que puede sentir al atravesar cambios. Pida al Arcángel Uriel que le ayude a alcanzar un estado mental pacífico durante estas experiencias y que le apoye durante este tiempo ayudándole a encontrar formas positivas, útiles y constructivas de afrontar su ansiedad.

Paso cinco: Cuando se sienta lo suficientemente relajado, agradezca a los ángeles su ayuda y concluya el ejercicio.

Oración para encontrar el amor en su vida

Puede rezar pidiendo ayuda para encontrar su verdadero amor y felicidad. Rece para tener la fuerza, el valor y el coraje necesarios para encontrar las cualidades del amor que busca. Pida al Arcángel Uriel que le ayude a utilizar su mente para crear un sentimiento profundo y duradero de amor y confianza en su vida. Rece para recibir ayuda y orientación adicionales mientras trabaja para alcanzar este objetivo. Puede utilizar la meditación para ayudarle a conseguirlo con los siguientes pasos:

Paso uno: Relaje su mente y su cuerpo. Respire profundamente unas cuantas veces, sintonice con su cuerpo y relájese.

Paso dos: Concéntrese en respirar de un modo que le permita relajarse más cada vez que inhale y exhale.

Paso tres: Imagine que el amor fluye hacia su centro cardíaco. Siéntalo llenando su centro cardíaco de amor y bondad.

Paso cuatro: Pida a los ángeles que llenen su centro cardíaco de amor incondicional. Pídales que le ayuden a sentirse conectado con todas las personas y cosas que le rodean. Permita que la luz divina del amor le rodee, protegiéndole contra todo lo que no sea propicio para sacar lo mejor de todas las personas y cosas.

Paso cinco: Dé gracias por esta oportunidad de sanar y liberarse de esta carga de soledad.

Capítulo Diez: Trabajar con los Guías Espirituales más allá de los Arcángeles

En el pasado, hasta hace poco, la mayoría de la gente se centraba en adorar a dioses y diosas de otras culturas. Estas deidades visitaban a la gente a través de visiones y sueños que los sacerdotes y chamanes interpretaban. La mayoría de las religiones pasaban por alto el poder espiritual en el corazón de cada uno y se centraban en objetos externos como estatuas que recordaban a los dioses para ayudar a la gente a conocer lo divino. El problema con esto es que muchas personas que buscaban una experiencia espiritual se encontraron excluidas por las limitaciones tradicionales de la religión y la espiritualidad. Ahora recurren a prácticas menos convencionales y, con un poco de orientación, cualquiera puede explorar los beneficios de la espiritualidad fuera de los conceptos más tradicionales de ángeles, dioses y diosas.

La mayoría de la gente está familiarizada con los ángeles como entidades celestiales que sirven de ayudantes en la Tierra de diversas maneras, pero no todo el mundo es consciente de que los seres queridos difuntos, los antepasados, los maestros ascendidos o los elementales también pueden funcionar como guías espirituales. Muchas personas encuentran atractivos estos otros tipos de guías espirituales por una razón u otra. Al igual que ocurre con los guías angélicos tradicionales, la mayoría de estos otros guías espirituales no angélicos son accesibles a todo el mundo, y lo que tienen que ofrecerle puede ayudarle en su búsqueda espiritual. El tipo de guía que consiga se basa en sus propias creencias y prácticas, pero aquí tiene algunos tipos comunes de guías espirituales con los que puede ponerse en contacto para empezar:

Comunicarse con sus antepasados

En la antigüedad los antepasados estaban mucho más en contacto con la naturaleza y los mundos del más allá que nosotros ahora. Aprendieron pronto a trabajar con los espíritus de la naturaleza y transmitieron ese conocimiento de generación en generación. Hoy en día, muchas personas buscan formas de volver a conectar con su conocimiento interior y, como forma de hacerlo, muchos de estos practicantes recurren a sus antepasados.

Para algunos, comunicarse con sus antepasados es tan fácil como hablar con un familiar que ha fallecido. Para otros, se trata de un ritual serio en el que el practicante establece una conexión especial con sus antepasados. En este ritual, puede esperar ver visiones o visitar otras dimensiones con sus antepasados mientras pide ayuda y guía en su vida. Cuando honra su herencia, reconoce que forma parte de una familia más amplia. Al ser usted mismo como un ser espiritual y fusionarse con las vibraciones superiores, puede aprovechar la sabiduría infinita de sus antepasados.

Comunicarse con sus antepasados puede ser tan fácil o tan complejo como usted desee. Lo mejor es utilizar las herramientas de la meditación, la visualización y la imaginería guiada para mantenerse conectado con los que ya no están. También pueden ayudarle a interpretar a las personas, los lugares y los acontecimientos que le rodean. Sus antepasados están ahí para apoyarle en su vida, pero no siempre tienen todas las respuestas. Están aquí para ayudarle a desarrollar la sabiduría y el discernimiento necesarios para vivir la vida que desea en este plano.

Puede instalar un santuario especial en su casa donde pueda meditar regularmente o simplemente permanecer en contacto con estos guías. Es importante recordar que los espíritus ancestrales no le guían desde más allá de la tumba, sino desde la fuente misma de la vida que hay en su interior, por lo que están más que dispuestos a ayudar a guiarle a través del proceso de aprendizaje y autodescubrimiento. Cuando esté preparado, puede comenzar con los siguientes pasos:

Paso uno: Relájese en una posición cómoda. Respire profundamente unas cuantas veces y despeje su mente de todo pensamiento.

Segundo paso: Mantenga una o dos de sus manos sobre la zona del pecho, justo debajo de la clavícula. Este es el centro del vórtice energético de su cuerpo y le ayudará a sentirse más conectado con la energía que le rodea.

Paso tres: Comience a meditar "viendo" u "oyendo" a su antepasado, tal y como haría al realizar otro trabajo espiritual. Debería empezar a notar diferentes tipos de energía sutil en la atmósfera. Es importante que se tome su tiempo y no fuerce nada.

Paso cuatro: Si su antepasado está presente, puede sentirlo inmediatamente. Puede pedirle que hable, y él o ella pueden responderle con su propia voz o proyectar sentimientos, pensamientos e imágenes.

Paso cinco: Es normal que intenten enviarle mensajes extrasensoriales para acercarle mientras trabajan juntos. Le colmarán de amor y luz, pero es importante que establezca límites claros entre usted y los guías espirituales con los que está trabajando.

Paso seis: Cuando sienta que la sesión ha terminado, es el momento de dejar marchar a su ancestro. Puede hacerlo agradeciéndole su ayuda y pidiéndole que se marche. También puede hacerlo utilizando una oración u otras palabras que le resulten útiles.

Paso siete: Al terminar, cierre su sesión con unos minutos de silencio y meditación.

Los maestros ascendidos

Los maestros ascendidos están vivos y son muy activos en los planos espirituales, pero puede que no estén tan disponibles para usted como un guía espiritual tradicional. Algunas personas parecen tener una afinidad más estrecha con estos maestros que otras. Si usted es una de esas personas, puede que su cuerpo esté preparado para resonar con estas vibraciones superiores, pero cada maestro seguirá eligiendo con quién quiere trabajar.

Es importante recordar que los maestros ascendidos no son exactamente maestros de magia porque no son de este plano terrenal. Son guías espirituales que eligen ir más allá del cuerpo físico, pero que siguen influyendo enormemente en este mundo. Algunos los llaman ascendidos porque se han elevado a un nivel superior de conciencia, pero otros dicen que han trascendido de un plano terrenal a una dimensión superior.

Los maestros ascendidos se comunican de muchas maneras. Algunos pueden hablarle a través de su mente, otros pueden aparecer en sus sueños y otros pueden comunicarse a través de signos y símbolos. Algunos pueden aparecer físicamente, pero este es el método más raro y difícil de conseguir para comunicarse con un maestro. También puede hacer preguntas y ellos le responderán telepáticamente. Si no oye la voz dentro de su cabeza, puede manifestarse como una respuesta a una pregunta que ha estado meditando en su mente.

Para comunicarse con los maestros, puede que necesite tener alguna experiencia personal trabajando con guías espirituales y cierta formación como médium psíquico. Si no es un trabajador espiritual entrenado, puede que quiera escuchar y permitir el acceso del maestro a su mente sin intentar analizar la comunicación.

Para empezar a comunicarse con estos maestros, debe utilizar un estado meditativo en el que se vuelva hacia su interior y llegue más allá del mundo físico, a un reino astral. Puede que vea imágenes en su mente o escuche símbolos con los que no está familiarizado. Al viajar dentro de sí mismo, puede encontrar otros tipos de guías espirituales que le ayuden a traducir mensajes para los maestros ascendidos.

Hay diferentes formas en las que estos guías pueden comunicarse con usted y, al final, es el maestro quien decide cómo se relacionará con usted. Una vez que haya identificado a un maestro guía que resuene con usted, es importante que se abra a él pensando conscientemente en él con frecuencia. Abra su mente a las sincronicidades de su vida que le ayudarán a reconocer su presencia. Las visitas frecuentes de un maestro suelen ir precedidas de sensaciones intuitivas, destellos de luz o incluso olores fuertes. Si un maestro le visita en forma física, es probable que le dé una señal de que está allí. Puede sentir una presión perceptible en el omóplato, experimentar una repentina piel de gallina o ver aparecer orbes de luz de la nada.

La misión de un maestro es guiarle por el camino de la luz y la iluminación. Él o ella le ayudarán a alinearse con su Yo Superior. La única razón por la que un maestro contacta con usted es porque cree que tiene potencial para hacer grandes cosas en el mundo. Recuerde que, aunque no se establezca contacto inicialmente, no significa que un maestro no sienta que hay potencial espiritual para crecer. Es importante no juzgar el hecho de que un maestro no se comunique como una indicación de que cree que usted no es apto. Hay muchos factores detrás de por qué un maestro elige a una persona en vez de a otra, y puede ser simplemente que no sienta que usted se beneficiaría de su ayuda.

Un animal tótem

El papel de un animal espiritual es ayudarle a conectar con el propósito de su alma. Su tótem está ahí para guiarle en su viaje y mantenerle centrado en el camino que se eligió para usted. Lo mejor es que su relación con un animal comience en la infancia, pero también puede ocurrir más adelante en la vida. Muchas personas creen que los animales espirituales nos eligen a nosotros y no al revés. En su infancia, puede que no fuera consciente de que un animal espiritual podría haber estado intentando comunicarse con usted a través de sueños e instintos. Sin embargo, a medida que crezca, es posible que empiece a oírlos en su subconsciente, ya que estos guías pueden enviarle señales y presagios naturales para ayudarle a dar el siguiente paso en su viaje.

Para entender cómo trabajar con su tótem, es crucial comprender su papel dentro de su vida. Su animal espiritual está ahí para actuar como su guía. La presencia del animal puede ayudarle a comprender el significado que hay detrás de ciertos acontecimientos de su vida. Es especialmente útil cuando se siente confuso o experimenta niebla mental. Su presencia también puede ayudar a despejar su mente para que pueda concentrarse en estar presente en el momento.

Su animal tótem le ayudará a menudo a acceder a su mente subconsciente. Cuando sienta un fuerte impulso de escribir o pensar en algo, es probable que su animal espiritual esté intentando comunicarse con usted. Por ejemplo, algunas personas se sienten impulsadas a escribir en sus diarios cuando están sentadas en el tráfico o en un autobús. Estas son ocurrencias muy comunes para quienes tienen animales espirituales. Si quiere trabajar con un guía animal, debe ser consciente de estos impulsos instintivos y seguirlos hasta que le proporcionen más información.

Los animales pueden ayudarnos a aprender a escuchar y sintonizar con nuestra intuición. Pueden enviarnos mensajes que hablen directamente a nuestro corazón, y no cabe duda de que pueden ser amigos muy sabios e intuitivos. Como con cualquier guía animal, debe estar abierto a los mensajes que le comuniquen, ya que es probable que aporten orientación y sabiduría a su vida.

Espíritus elementales

Es fácil olvidar que todos formamos parte de un vasto universo y que incluso el aire que respiramos, el agua que bebemos y el fuego que utilizamos están vivos. Los elementales de la naturaleza nos rodean constantemente, pero la mayoría de la gente no los reconoce en absoluto como seres. Esto puede ser un problema, ya que cada elemental tiene un propósito positivo que cumplir en su vida. Tanto si sus guías son espíritus elementales como si no, debe aprender a trabajar con las energías y los elementos de la Tierra. Las energías elementales son los bloques de construcción de la naturaleza y son muy poderosas, especialmente cuando las aprovecha un practicante entrenado.

Conectar con los elementales es un proceso muy diferente al de trabajar con otros tipos de guías o espíritus. Pueden identificarse fácilmente por su energía, que es muy diferente de la de sus otros guías. A menudo están menos organizados que los espíritus guías, por lo que es mejor trabajar con ellos conscientemente en lugar de permitirles entrar y salir de su vida sin su permiso. Las energías elementales pueden ser impredecibles, por lo que debe aprender a trabajar cuidadosamente con ellas.

Hay muchas formas de identificar los elementos que puede tener en su vida. Una forma es realizar una adivinación, como el *scrying* o la radiestesia, o utilizar un péndulo. También puede simplemente pedir al elemental que se presente ante usted realizando un ritual o hechizo dedicado al elemental en cuestión.

Los espíritus elementales se comunican de formas diferentes a como lo hacen otros espíritus. El método de comunicación más utilizado son los sueños energéticos. Estos sueños son muy vívidos e intensos, a diferencia de los sueños normales. También son muy diferentes de los sueños lúcidos, aunque algunos han informado de elementales lúcidos. Algunas personas también han tenido experiencias con personas elementales, que son esencialmente un elemento personificado en una forma humana.

Independientemente del método que utilice para conectar con sus elementales, debe acercarse a ellos de forma respetuosa y consciente, asegurándose de respetar el poder que tienen en la naturaleza y sus identidades y personalidades individuales.

Conectar con su yo superior

Cada vez más personas están aprendiendo a conectar con su yo superior o el "yo" interior. Se trata de un término que diferentes religiones y tradiciones espirituales han utilizado para describir el yo eterno o alma, la chispa de divinidad que hay dentro de cada uno de nosotros. Hay muchas formas de conectar con esta parte de uno mismo. La mejor forma es meditar y despejar su mente de todo pensamiento y ansiedad, relajándose en un estado de conciencia. Puede hablar directamente con su yo superior mientras se encuentra en este estado. También puede utilizar la meditación guiada, las imágenes guiadas o la hipnosis para conectar con su yo superior.

Una vez establecida la conexión, debe respetar y escuchar los mensajes que le dan. Estos mensajes suelen ser verdades universales que nos ayudan a comprender nuestro propósito, nuestros objetivos y nuestros planes para el futuro. A veces pueden ser difíciles de entender y es posible que necesite un guía espiritual que le ayude a interpretar el significado del mensaje. Recuerde siempre que su yo superior está ahí para ayudarle, protegerle y mostrarle el camino. Es su fuente divina de luz, sabiduría, amor y poder. Esta energía trabaja a menudo en los niveles más altos de la Creación y ayuda a guiar a aquellos que están perdidos en su camino espiritual.

También es importante recordar que su yo superior existe en una dimensión diferente. Por lo tanto, no se puede acceder a él dentro del cuerpo físico. Esto puede resultar confuso para algunas personas, que pueden preguntarse cómo se comunica su yo superior con ellas si no puede residir dentro del cuerpo. La clave está en que la comunicación no tiene lugar a nivel físico y, por lo tanto, no se puede acceder a ella por medios físicos.

Cuando conecte por primera vez con sus guías espirituales, puede que le sorprenda la intensidad de su energía. Esto puede resultar abrumador si usted no es ya sensible a este tipo de energía. La mejor forma de tratar con la energía es ser abierto y paciente. También puede prepararse para el éxito respetando todos los diferentes tipos de energía que están presentes y asegurándose de que dispone de tiempo y energía para realizar el trabajo de conectar y comunicarse con ellos.

Algunas personas descubren que empiezan a trabajar conscientemente con los guías espirituales de inmediato, mientras que otras necesitan estar más abiertas y sensibles a la idea antes de comunicarse con los guías. Es crucial que se tome su tiempo y encuentre lo que funciona mejor para usted, porque es poco probable que un guía se le presente a la fuerza si usted no está preparado para ello. Puede prepararse para el trabajo que está por venir meditando con intención, aprendiendo a estar en comunión con los espíritus y preparando su hogar para la comunicación y la manifestación.

Conclusión

Este libro ha guiado lo que los libros sagrados dicen que es verdad y las pruebas que apoyan estas creencias. Es un buen punto de partida si le interesan los ángeles y desea comprender su fe. Espero que sea una apertura para cualquiera que busque orientación, consuelo o simplemente sienta curiosidad por estos seres de los que se dice que han velado por nosotros desde el principio de los tiempos.

Llegar a los arcángeles para trabajar con ellos no tiene por qué ser ciencia de cohetes, ni tampoco el dominio exclusivo de los "hombres y mujeres santos" que han meditado durante años, han vestido la tela o conocen los textos religiosos de cabo a rabo. Es algo que usted puede hacer siempre que se asegure de tener claras sus intenciones... y de creer.

La creencia es un factor muy importante aquí, y es lo principal que muchos estudios y mentes científicas pasan por alto cuando intentan indagar en el fenómeno de los arcángeles y otros seres espirituales y energéticos que nos rodean. Si realmente quiere tener una experiencia transformadora, tiene que estar dispuesto a suspender su incredulidad. Puede que le resulte útil mantener este empeño para sí mismo, de modo que nadie le haga sentirse tonto por elegir recurrir a un poder superior para hacer su vida más fácil.

Innumerables personas están haciendo exactamente esto, y es por ello que sus vidas parecen tocadas con una gracia de otro mundo. No hay ninguna razón en este pequeño punto azul para que usted no tenga acceso al poder y la fuerza de los arcángeles. Así pues, elija hoy tomar todo lo que ha aprendido y póngase manos a la obra. Lo más probable es que su vida no vuelva a ser la misma una vez que empiece, y que cambie para mejor.

Vea más libros escritos por Silvia Hill

Referencias

Berner, C. (2007). The Four (or Seven) Archangels in the First Book of Enoch and Early Jewish Writings of the Second Temple Period. Deuterocanonical and Cognate Literature Yearbook, 2007.

Cline, R. H. (2011). Archangels, Magical Amulets, and the Defense of Late Antique Miletus. Journal of Late Antiquity, 4.

Dix, G. H. (1927). The Seven Archangels and the Seven Spirits: A Study in the Origin, Development, and Messianic Associations of the Two Themes. The Journal of Theological Studies, 28.

Green, M. (2010). The Four Archangels: Angelic Inspiration for a Balanced, Joyous Life. Xlibris Corporation.

Jameson, A. B. (1857). Sacred and Legendary Art: Containing Legends of the Angels and Archangels, the Evangelists, the Apostles, the Doctors of the Church, and St. Mary Magdalene, as Represented in the Fine Arts (Vol. 1). Longmans, Green, and Company.

Łaptaś, M. (2016). Archangel Raphael as protector, demon tamer, guide, and healer. Some aspects of the Archangel's activities in Nubian painting. In Aegyptus et Nubia Christiana. The Włodzimierz Godlewski jubilee volume on the occasion of his 70th birthday (pp. 459-479). Wydawnictwa Uniwersytetu Warszawskiego.

Sandu, I., Iurcovschi, C. T., Sandu, I. G., Vasilache, V., Negru, I. C., Brebu, M., ... & Pelin, V. A. S. I. L. E. (2019). Multianalytical Study for Establishing the Historical Contexts of the Church of the Holy Archangels from Cicau, Alba County, Romania, for its Promotion as a World Heritage Good I. Assessing the preservation-restoration works from the 18th century. Revista de Chimie.

Virtue, D. (2010). Archangels and Ascended Masters. ReadHowYouWant.

com.

Virtue, D. (2011). Archangels 101: How to Connect Closely with Archangels Michael, Raphael, Gabriel, Uriel, and Others for Healing, Protection, and Guidance. Hay House Incorporated.

www.ingramcontent.com/pod-product-compliance
Lightning Source LLC
Chambersburg PA
CBHW070340010526
44107CB00004B/566

www.ingramcontent.com/pod-product-compliance
Lightning Source LLC
Chambersburg PA
CBHW070340010526
44107CB00004B/564